ストーリーでわかる

ファシリテーター入門

INTRODUCTION TO THE FACILITATOR

輝く現場をつくろう!

森 時彦

ダイヤモンド社

はじめに

本書は、２００４年と２００７年に上梓した『ザ・ファシリテーター』シリーズの第3弾になるものです。お陰様で前作はいずれも好評を博し、発表から10年以上にわたって増刷を重ねてきました。この間に、ファシリテーターという言葉も広く浸透し、いまでは会議やワークショップなどで当たり前のように使われるようになってきました。

しかし、一方でファシリテーター＝司会者という誤解も多いと感じます。それ以上に、ファシリテーションの本来の姿が、まだまだ広く認知されていないのは残念なことです。

こうした状況を踏まえ、ファシリテーションの力とその応用範囲の広さを、もっと多くの方々にわかりやすく伝えようと、入門編として改めて書き下ろしたのが本書です。

ファシリテーターは司会もしますが、単なる司会者ではありません。あえて訳せば「うながす人」というのがファシリテーターの意味です。発想をうながす、コミュニケーションをうながす、行動をうながす……。そういうさまざまな「うながす技術」を駆使して、知恵とやる気、チームワークを引きだす人なのです。

そういうことから、ファシリテーションの定義を訊かれると「集団における知的相互作用をうながすスキル」と答えていますが、定義では、なかなかその本質が伝わりません。そもそも定義は、コンテクスト（背景）を排除したところにあるものですが、ファシリテーションの効果や価値は、コンテクストなしではわかりにくいからです。

そういう考えから、前二作ではメーカーを舞台にした物語の中でファシリテーターの活躍を描きました。本作でも同じ手法を使いますが、舞台は変わって、誰にでもなじみのある小売業です。この業界は、デス・バイ・アマゾンと言われるように、インターネット通販の攻勢に苦しんでいます。一方で、「輝く現場をつくる」という観点からは、改善の余地が大きい業界でもあるように思います。読者になじみのある舞台で、組織の活性化に奮闘するファシリテーターの物語を楽しんで頂きながら、理解を深めて頂こうというわけです。

登場する架空の企業ワンダーX社は、ユニークなセレクトショップを多店舗展開する会社ですが、ご多分に漏れず業績不振に苦しんでいます。その本社と、現場である店との間にあるギャップを埋めながら、店の活性化に取り組むのが新任の人事係長、南里《みなみざと》マリコです。内気で控えめ、いつまでもウジウジしている自分を変えたいと頑張っているバツイチ、32歳のシングルマザー。その彼女が学ぶインターネット上のビジネススクールの課題で、自分の会社の店舗の活性化に取り組むところから物語は始まります。

本書はまったくのフィクションですが、荒唐無稽《こうとうむけい》ではありません。フィクションだからこそ書けることがあり、それなりに手触り感があることから読者にとっては想像力で膨らます余地が大きいのではないか、読者の現場に活かしやすいのではないかと思っています。

ファシリテーションはコンテクストなしにはわかりにくいと書きましたが、それは汎用性がないということではありません。ここで紹介するファシリテーションは、小売りに固有のものではなく、いろいろな場面に応用が可能です。それを明確に示すために、最後の章に解説を加えることにしました。

今回も、この本を出版してくださるダイヤモンド社の方々、特に、第二編集部の編集長、小川敦行氏には大変お世話になりました。細部にわたる読みこみ、作者とは違う視点。氏のアドバイスには大いに助けられました。イラストレーターの安谷隆志さんには、この本に新たな魅力を与えて頂きました。この場を借りて心からお礼申し上げます。

目次

ストーリーでわかる

ファシリテーター入門——輝く現場をつくろう！

Story 2 事業承継

Story 3 はじめてのワークショップ

Story 4
再チャレンジ

Story 5 社長解任動議

Story 6
ソフトスキルを身につけよ

Story 7
働き方が変わる!

Story 8
戦略を実行につなぐもの

解説 「知的生産の技術」としてのファシリテーション

主な登場人物

ワンダーX　本社

南里マリコ　人事部係長
金藤喬俊　創業者・相談役
鯨岡雅夫　社長
杉山義男　専務　経理部長
金藤文也　役員
高松隼人　社外役員
茂木智子　社外役員
須藤哲夫　営業本部長
辛島仁慈　人事部長
久保英明　経理部係長

ワンダーX　港北店

山川　潤　店長
三浦可奈子　副店長
相川隆志　店員
遠藤琢磨　店員
嶌田尚平　店員
高木　愛　店員
高田直樹　店員
都築俊平　店員
牧野直人　店員
横川康之　店員

大学院大学

大和田譲　教授
高柳　正　教授

メインバンク

只野昇一　部長
吉崎　了　課長

Story 1

南里マリコの挑戦

会社の方針は店には響いていない

「あのぉ、少しいいでしょうか？」

8月の、蒸し暑い幹部会の沈黙を破ったのは聞きなれない声だった。広い部屋の誰からも意識されていない一角から聞こえてきた遠慮がちな声に、全員が振り向いた。

「いえ、あの、そんな……」

みんなの視線を浴びてその声はひるんだ。弱気で控えめなキャラ。そうみんなから思われている南里《みなみざと》マリコだった。この会社に入社して6か月目になる人事部の新任係長だ。

社長が臨席するこの幹部会に出るのは二度目になる。この会の正規メンバーである人事部長の辛島仁慈《からしまひとし》に勧められて、その後ろに控えていた。発言するのは、はじめてだった。

「どうした？」もう一度うながされ、ようやく「新米の人事係長として」と遠慮がちに話しはじめた。「人の顔と特徴を頭に入れないといけないと思いまして、できるだけ店に行くようにしていまして…」

週に2～3日、店に顔を出してスタッフと話をしてきた。飲みに行くことはあまりないが、昼食をつきあったり、お菓子や飲み物をさし入れて雑談を重ねてきた。

「申し上げにくいのですが…、店の目線で言うと、社長の話や会社の方針は響いてないと思うんです」

「……」

「どういう、ことかね？」一拍おいて社長の鯨岡雅夫《くじらおかまさお》が太い眉を上げた。

「困ったもんです。いろいろ私の方で指導してはいるんですが、コミュニケーションの悪い店長もいるもんで、そういうこともあるかと思います」

マリコを遮って答えたのは、営業本部長の須藤哲夫《すどうてつお》だった。自分の方に銃口が向くことを予感して素早く割りこんできた。

「どこの店や？　池袋か？　いや新橋かな？」

「全部です」

それまでの遠慮がちなトーンは影をひそめ、マリコの声は自信に満ちていた。半年間、自分の両目で見てきたことだ。須藤はバツが悪そうに顔をしかめたが、それを横目で見ながら鯨岡は興味があるという声を響かせた。

「もう少し聞かせてくれないか？」

職位を問わず、いろいろな社員から積極的に話を聞きたいと普段から公言している。この会社の社長にヘッドハントされて1年余り。まだわからないことがたくさんある。本心だった。

「今日のこの会議の中身もそうですが、会社のいろいろな施策は難しすぎて、そのまま話しても店には伝わりません」

「ほう…」鯨岡は相槌《あいづち》をうったが、営業本部長は迷惑そうな視線をマリコの上司に投げた。人事部長の辛島仁慈だ。細いカギ鼻と三日月目が印象的なお公家さんのような横顔を涼しげにみせていた。

「難しすぎる？」その辛島が口を開く前に、鯨岡は先をうながした。

「たとえば『売れ筋を揃えて、死に筋はさっさと処分して仕入れるな』とおっしゃいました」

「それで？」

「店では、何が売れ筋で、何が死に筋かわからないです」

「そんなことはないやろう」——だから素人は困る…、という苦笑を須藤はあらわにした。

「昨日まで売れ筋だと思っていたものが、ばったり売れなくなることがあります。そうかと思うと死に筋だと思っていても売れることがあるのです」

マリコは営業本部長の反論にたじろいだが、ここで負けるわけにはいかないという気持ちがそれを上回った。

「『あった！』とか『これこれ！』とか。もう、お客様が目の前で嬉しそうに感嘆の声を上げられるんです。そうすると『これも置いとかなきゃ』ということになります」

「そんなことだから…」須藤は潰しにかかったが、鯨岡が右手を5センチほど上げてそれを制した。

ワークショップをやらせてください！

「営業本部長や私が言っていることが、店にうまく伝わっていないという実感は私にもある。それで我々も困っているのだ。いま君が言っていることが本当かどうかわからないが…。もしそうだとして、どうしたらいいのか、考えはあるのかね？」

「あのぉ」マリコは少しうつむき、上目遣いに社長と営業本部長を交互に見た。少し躊躇したが、「私に、やらせてもらえないでしょうか」となんとか声をしぼりだした。この提案のために上司の辛島に勧められてここに来ているのだ。

「何をや？」

イライラを抑えかねた営業本部長の須藤がさらに口を曲げた。その迫力にマリコはまたたじろいだが、ここでひるむわけにはいかない。

「店ごとに…、あの…、少人数で…、ワークショップを…、話しあいの場を持ちたいと思っています」

緊張で言葉がうまく出なかったが、なんとか単語をつなぎ合わせた。

「話しあい?」――それで解決するなら世話はない……、と須藤は鼻白んだが、鯨岡の声には好奇心がこもっていた。

「どんなワークショップかね?」

「資料を用意してきましたので、これを使って説明させてもらってもいいでしょうか?」

マリコは、持ってきたプラスチックのファイルケースから資料を取りだし、立ち上がると一人ひとりの席に歩いて行って手渡した。

この会社に転職する1年ほど前、南里マリコは、内向的で引っ込み思案な自分を変えたいとの思いから、仕事をしながら学べるビジネススクールを受験した。教室に行かなくても自分の好きな時間にネットで講義を受けることができるインターネット上の大学院大学だ。一方的に講義を聴くのではなく、実際に起こっているケースについて考え、チャットで同級生や先生と議論する。そういうことを何度もくり返す中で、これは店舗で使えるのではないかという、これまでに経験したことのない自信のような感覚が自然に育まれていた。

その大学の課題の一つに職場を活性化するためのフィールドワークがある。机上で学んだことを実際に職場で試してみて、そこから学ぶという趣旨の講座だ。それを「当社でやらせてもらえないか?」と2か月ほど前から上司の人事部長、辛島仁慈に相談していた。「外部の視点を入れるのは面白い」と思った辛島が、幹部会で提案して意見を聞いてみるように勧めたのだった。

「――ということで担当教授の指導を受けながら進めることになります。教授は、こういうことに詳しい先生です」

「要するに、君が授業の単位を取るためにやるいうことか?」

須藤は迷惑そうな顔をした。

「あっ、ハイ。いえ、違います」

「どっちやねん?」

「まあ須藤君、営業本部長。気持ちはわかるが、そう悪く取らなくてもいいだろう。会社の方針をみんなが理解し、店のことを考えるためにワークショップをやってみようということだ」

ただでビジネススクールの知恵も借りられるならそれも悪くない、鯨岡はそう感じていた。

1年余り前に社長に就任してこれまで、ビジョンを明確にして、くり返し社員に伝えてきた。成長戦略を打ちだし、そのための施策をいろいろ実行に移している。その中には、コンプライアンス重視やワークライフバランスの是正、数字による管理など、半世紀ほど前にこの会社を創業した前社長の金藤喬俊《こんどうたかとし》の時代にはなかったことも少なくない。

だからなのかもしれない。冷静に振り返ってみると、現場ではそれが咀嚼《そしゃく》できずにいる、という話はわからなくはない。たしかに一方的だったかもしれない。どう咀嚼できないのか、それがわかるのなら、それだけでもこのワークショップには価値がある。

この1年余りで、かなり組織の特徴はつかめた。どんな社員がいて、何をすればどんな反応が返ってくるか、はじめの3か月は雲をつかむようだったが、いまはかなりイメージできる。

自分を雇ってくれたファンドには「もうすっかり把握していますよ」と胸を張っている。しかし、正直言って、つかみきれたわけではない。2年目に入っても手探りが多いというのが正直なところだ。

営業本部長の須藤哲夫は、創業間もない1970年代に入社して薫陶《くんとう》を受けてきた、たたき上げの本部長だ。高圧的な態度で店を厳しく指導する。六三人の店長全員のことをよく知っている。

有無を言わせず部下に言うことをきかせる力があるのは、しかしそれだけではなく、どうやら彼らの弱みを握っているらしい。それが何かはわからないが、正直に言って頼りになる。鯨岡としてはありがたいが、威圧的で一方的過ぎるところは気になる。昔はそれでよかったが、この時代、パワハラに発展するかもしれない。みんなどう思っているのか。店のホンネをもっと吸い上げたい。もう少し双方的なコミュニケーションにシフトしたい、と思っていた。

「お店、忙しいです」マリコは続けた。「現場ではいろいろなトラブルが発生しますし、一方的に『もっと魅力的な店にしろ！』『働き方改革！』とか言われても、何をしたらいいのかわからないです」

だから行動につながらないのだ、とは言わなかった。マリコの意識の中では、「批判」よりも「なんとかしたい」という気持ちの方が強かった。

人事部長の辛島仁慈は相変わらず黙って姿勢よく座っているが、以前から威圧的な須藤のスタイルには批判的だ。にもかかわらずまっすぐ前を見て微かに笑みを浮かべて黙っているのが須藤の気に障った。

——涼しい顔をしているが、こいつの指金《さしがね》に違いない…、と苦々しく思いながら、

「会社の秘密が社外に洩れることが懸念されます」と鯨岡に向かって正論を説いた。

「私のレポートは教育目的だけにしか使われませんし、公開もされません。会社の秘密事項は守られます」想定していた指摘に、マリコはすかさず言い返した。

「なるほど……」須藤は抵抗しているが、実質的にリスクはない。コストも発生しないだろう…、と鯨岡は考えていた。「それで何をしてほしい？」

選ばれた売上低迷店

「要するに、ここに書いてあるワークショップをやる許可がほしいということかね？」

「ハッ、ハイ！」

「須藤君、どう思う？」

「研修はいろいろやってますし、こんなことに時間を使っている余裕はないと思います。残業も増えることになります」

須藤は、人事部主導で残業規制が始まっていることを快く思っていない。その人事から営業についてとやかく言われたくない。そういう怒りが声に表れていた。

「これは研修ではありません、営業活動です」とマリコは訴えた。

「それに残業も増やしません。お店は、朝から開いていますが、お客さんはほとんど来ていません。特に月曜日の午前中は、来店客ゼロということもあります。その時間帯を使えば大丈夫です」

「午前中店を閉めてやるというのか？　オレは反対や」

「もちろん毎日じゃありません。2週間に一回、いえ月に一回でもいいです。それなら売上に影響ないと思います」マリコは泣きそうになるのをこらえて食いさがった。

「試験的にやるとしたら、須藤君、どの店でやるのがいいかな？」

黙って聞いていた鯨岡が口を開くと、その意図を素早く察した須藤は、

「…、くっ、国立店なら…、小さな店なので影響も少ないと思います」と当たり障りのない店を選んだ。国立店はスタッフ三人の小さな店だ。

——あそこではやり甲斐がない……。

「青山でやらせてください」とマリコが慌てて願いでた。「店長の森下倫子さんがワークショップに乗り気で成果も出やすいと思います」

「おい、青山は稼ぎ頭の店や。あんなところでやられたらたまらん」

声が一段と低くなり、赤黒く日焼けした須藤の顔にすごみが増した。


結局、最初のワークショップは神奈川県の港北店で行うことになった。住みたい街ランキングでも順位を上げている。もっと業績が良くていいのに来客数が少なく低迷している店舗だ。スタッフのモチベーションも高いとは言えない。

「それでどうだ？」と鯨岡がマリコに目を向けた。一瞬首をかしげて迷っているように見えたが、すぐに顔を上げると、

「ハイ、かしこマリコです」

と明るく答え、肩をすぼめて舌を出した。

「ほぉ、これはこれは」

少したれ目の愛嬌のある笑顔が、鯨岡の笑いを誘った。

急速に成長してきたこの会社にとって、人事関連の整備は大きな課題だった。そのために半年前に採用した係長の南里マリコ。前の会社で1年ほど営業系の仕事をした後は人事一筋で8年、労務の経験もある。よく気がつく、頭の回転のいい子だが、内向的な性格で控えめ。服装も化粧も地味であまり目立たない人事の専門職だとみんなが思っていたのだが、今日のマリコに、「こんなところがあったのか！」と直属の上司の辛島までが驚かされた。

「活性化」を測るモノサシとは？

この幹部会での出来事の4か月ほど前になる4月初旬、南里マリコはビジネススクール2年目を迎えていた。その新学期に「組織変革論」という厳めしい名前の授業を取りはじめた。

「教えないところが、この講座の特徴です」

授業の冒頭、担当教授の大和田譲《おおわだゆずる》が宣言した。講座名は「論」となっているが、「実践」を重視するフィールドワーク中心の講座だ。1年生のときに学んだ事業戦略論、マーケティング、会計、認知科学、ファシリテーション、コーチング、コミュニケーション理論、などいろいろな科目を総合した応用科目で、実際の組織の中に入ってその組織行動を変える活動をし、そこから学べという総合的なものだ。

ビジネス・スキルは教科書だけでは身につかない。

「儲かってナンボやろ」というのが、この担当教授の口癖だ。東京の下町育ちだと聞いたが、ときどき大阪弁になる。学生の一人がそのことを指摘すると、小学生のころに吉本新喜劇のファンだったからだという。そういう大和田になぜかマリコは惹かれて受講を決めた。

アポイントを取って、この教授に「自分の会社の店舗活性化をテーマにしたい」と相談に行った。

「**店舗が活性化したかどうかは、どうやって測るのかね？**」

どんな会社かとも、プロジェクトの中身も聞かずに、大和田はテーマを聞いただけで、いきなり質問してきた。こっちが訊きに来たのにと、答えに窮して黙っていると、「なぜこの質問をしているかわかるかね？」と重ねて問われてしまった。

現場の活性化は、全産業——小売りだけではなく、メーカー、サービス、テクノロジー、金融…、あらゆる産業に共通する重要課題だ。活性化のためにはマーケティングや財務といった、いわゆるハードスキルに加えて、リーダーシップやファシリテーション、コーチングといったソフトスキルが重要になる。しかし、**ソフトスキルだからといって結果もソフトでいいわけではない**。

「ビジネスは儲かってナンボや。活性化というテーマはいいが、そこを忘れてないかと訊いている」

「……」

「世の中には、組織の活性化ということで、ムードを盛り上げるゲーム的なものを提供する会社がある。たしかに楽しいし、映画の『ミッション：インポッシブル』でも観たあとのように一時的には興奮して活性化する。それはそれで意味はあるが、君のやろうとしている活性化は、そういうことかと訊いている」

「……」マリコは黙って首を横に振るだけで、言葉が出ない。

「そもそも何のために活性化したいと思ったのだろうね？」

黙ってしまったマリコを前に、大和田は畳みかけるのをやめ、少し柔らかいボールを投げた。

日本の小売業の低迷は長く続いている。「少子化で買い手が減った」「豊かになって買うものがなくなった」という需要側の説明、「ネット通販の台頭」「イノベーティブな製品の欠如」などの供給側の要因、いろいろな説明がなされている。

原因はともかく、デパートもスーパーも30年近く右肩下がりが続いている。しかし、その中にあってコンビニと専門店の多くは右肩上がりだと授業で習った。それはなぜか？　昨年のマーケティングの授業の課題だった。

自分の会社、ワンダーXも専門店を運営している。その理由を社員みんなが考え意識するようになれば、いままで以上に仕事に興味を持つようになり店はもっと強くなるのではないか。

マリコは、思いつくままに関連しそうな話題を口にしながら、何とかつじつまを合わせようと話しつづけた。まとまりがつかず長話になったが、大和田はそれを気にするそぶりも見せず、逆に話をうながすような柔らかい笑みを浮かべて聴き入っていた。

「それなら、」話が途切れたところで、大和田はゆっくりと口を開いた。「店の業績が活性化の指標になるのじゃないかね？」

「……!?」マリコは驚いた。

「売上かな？　もし君の会社で、店に収益責任を持たせているのであれば、利益の方がいいが…」

（私は人事なので…）という言葉が思わず口から出そうになったが、唾と一緒に何とか飲み込んだ。そんな言い訳がここで通じるわけがない。

「たしかに……、ですね」ととりあえず頷いてはみたが…、「どうしたらいいでしょう？」という言葉が口をついて出た。

「教えない講座だと言ったじゃないか」大和田の笑みがマリコには急に憎らしく見えてきた。

「テーマをどう定義して、何をもってその成果を測るのかは最も重要だ。それでプロジェクトの成否の半分は決まる。どうだ、もう少し考えてみないか。いつでも相談にのる」

大和田は、そう言い終わるとゆっくりと立ち上がり、テーブルの上にあった書類を抱えて教授室のドアを開けた。

「教授会があるので、悪いが今日はここで失礼するよ」

一緒に廊下に出たマリコに背を向けて部屋をロックすると、大和田は、「もう少し考えてみてほしい。活性化のキーワードは『やり甲斐』だ」とつけ加えると、足早に階段を下りていった。

「やり甲斐」と「効力感」がカギ

もう少し大和田の言ったキーワード「やり甲斐」について考えたいと思ったマリコは、近くのコーヒーショップに立ちよった。

家に帰ると、実家にあずけている4歳の息子の世話と家事に追われて考える余裕などなくなってしまう。3年前に離婚したバツイチ。妊娠中の夫の浮気が発覚し、一緒にいる気がしなくなって別れた。実家の近くに引っ越し、両親の世話になり、働きながら一人で子供を育てはじめた。

子育てと仕事で忙殺される毎日が続いた。このままではダメだと思い、働きながら学べるビジネススクールに入り、その後通勤を考えてこのワンダーXに転職した。それでも睡眠時間は極端に短くなり、休日も宿題に追われる毎日になった。身体的にはきついが、「やり甲斐」は感じている。

その自分が感じている「やり甲斐」についてまず考えてみた。答えははっきりしている。まず自分で選んだ道だ。それがやれていることがやり甲斐の源になっている。その上に、努力した手ごたえのようなものを感じていた。経営に関する理論を学び、ケースについて議論を重ねるうちに、自分がやったこともないマーケティングや事業戦略づくりができるような気がしてきているのだ。相変わらず会計は苦手だが…。試験に失敗して落としかけたことを思いだして思わず苦笑いした。

「効力感、sense of efficacy」と教授は話していた、とマリコは数か月前の心理学の授業を思いだしていた。スティーブ・ジョブズや起業家の多くは、「自分ならもっとすごいことができる」という強い効力感を持っている。やったこともないのに…だ。芸能人やスポーツ選手の中にもそういう人が多く、それが売れないとき、負けつづけているときの自分を支える、という話だった。

もともと気が弱く、自信のない自分にはそういう先天的な効力感とは縁がない。しかし、ビジネススクールで「こうすればできるという方法論」や考え方を学ぶ中で、少しずつ効力感が芽生え、育ちつつある。活性化のためにワークショップを開いて、そのファシリテーターをやってみようとまで考えている。これまでやったことはないが、それでもできそうな気がしている自分の変化をマリコは自覚していた。

しかし、それはまだ「感」でしかない。大和田教授が言う「実践から学べ」というのは、その「感」を現実に曝《さら》して鍛えろということなのだろう。

――店舗スタッフのやり甲斐に話を戻さなくちゃ…、マリコは漂ってしまった思考の焦点を固定するために、ナプキンの上に「店舗スタッフのやり甲斐」と書いて目の前に置いた。

「会社には社員のやる気を高める制度として報奨金がある」と独りつぶやいた。周りの眼は気になるが、声に出す方が集中できる。

毎月の売上目標を達成すれば、それに応じてお金が出る報奨金制度だ。やる気を持たせるための制度だが、やり甲斐になっているかと改めて考えてみると、違うような気がする。店に顔を出して店員と雑談をくり返してきた経験からすると、それがやり甲斐になっているとはとても思えない。

「お金じゃない…、たぶん…」彼女らは自分たちが扱っている商品のことが大好きで、雑談の中でも「南里係長、今度こんな製品が出たのを知ってます？　すごいですよね」とか「来月の〇〇社の新製品発表会が楽しみです。ワクワクします」といった話をよく聞く。好きだからという理由で学生時代にこの店でバイトをしはじめ、そのまま社員になって働いている人が結構いる。

では、それが仕事としてのやり甲斐につながっているかというと、そうではないような気がする。客から返ってくるCSカードを見ると、店舗スタッフは、商品知識が豊富で、質問すると面白いことを教えてくれるが、接客はダメ、オタクっぽくて躾ができていない、商売っ気がないという回答ばかりだ。

「モノは好きだが、商売は嫌い」という人たち……、か。どうすれば仕事にやり甲斐を感じるようになるだろうか？　フィールドワークの課題にしてはみたが、店で働いたことがない自分にはムリなのかもしれない、と少し弱気になる。

いやもう一度考えてみよう。マリコは座り直してテーブルの上のカップに口を付ける。カプチーノのシナモンが疲れた脳に心地いい。

ワークショップのゴール設定

会社は「店のコンセプトをはっきりしろ」「特徴を出せ」「ＰＤＣＡを回せ」といつも言っている。重要なメッセージなのに、店では真剣に受け止められていない。この半年、店舗スタッフと話しこんできたからはっきりわかるが、店ではそれを聞き流してしまっている。

店長に訊けば「やってます」と答える。しかし、そんな簡単なものじゃない……。どこかに勘違いがある、とマリコは感じている違和感を探った。

いや偉そうには言えない。自分だって1年前ならこの本社からの指令は念仏——ありがたいらしいが意味不明の何か、にしか聞こえなかったに違いない。ビジネススクールで、事業戦略やマーケティングの勉強をしてきたからこそ、「差別化」の重要性が、理論だけではなく、いくつものケースの積み重ねとして身体に入ってきている。だから会社が言う店のコンセプトや特徴の明確化は、まさにその差別化の要…、生命線だと感じることができるのだ。

それを伝えること、いや共有することがまず必要なのかもしれない、とマリコは思った。

ワンダーXは、専門店であって何でも扱う店ではない。商品を絞りこんでいる。いわゆる集中戦略をとってきた会社だ。それが金藤喬俊が創業したこの会社の、これまでの成長を支えてきた。

しかし、事業の成長に伴って集中戦略が曖昧化してきた。ワンダーXの成功を見て、同じような店が増えているのだ。インターネットの普及はそれに拍車をかけている。そこでさらなる差別化を求めて会社は、「店のコンセプトをはっきりしろ」「特徴を出せ」と言っている。しかし、それが具体的に何なのか、正直に言って誰もわかっていない。本社にも「答」はないのではないか？

改めてこの会社の強みを考えてみると、この分野を切り拓いてきたパイオニアとして、会社が培ってきた世界中の取引先との関係が、いまこの会社の最大の差別化ポイントではないかと思える。

世界中のいいもの、珍しいもの、新製品を他社に先駆けて安価に入手できる。当社だけが扱える商品も少なくない。少ないが、当社のオリジナル商品もこういう関係から生まれている。加えて、「実は…」という、長年の取引関係者の間だけで交わされる情報の価値は大きい。これだけ豊富な取引先との関係はそう簡単には築けないだろう。

この強みを店で活かすことができるのは、商品が大好きで知識も経験も豊富な店員たちだ。彼ら・彼女らは、お客さんのことも肌身で知っている。

もし彼女らが、単なる物売り店員ではなく、世界中で最高の商品知識をベースに、お客様が豊かな生活をおくるお手伝いをする、というマインドになれれば……。もし自分たちが感じているワクワク感を一人でも多くのお客様に伝える役割を担っているのだというミッションを感じることができたら……。そうすれば仕事にやり甲斐を感じるのではないか。そしてそれは、大和田が言うハードな結果につながるはず。

「これがゴールだ！」

思わず大きな声を出してしまったマリコは周りの眼が気になったが、それよりも嬉しさの方が勝った。

何を、どう問いかけるか？

ワークショップを成功させられるかどうかは、ファシリテーターが何を、いつ、どう問いかけるかにかかっている。

――店が差別化を図る軸は五つある……、先日マーケティングの授業で学んだことを思いだしながら、テーブルの上のナプキンを裏返して書きだしてみた。

〈価格〉〈商品〉〈アクセス〉〈サービス〉〈顧客体験〉

マーケティング論の大家フィリップ・コトラーが提唱した四つのＰ（Price, Product, Place, Promotion）と似ている。はじめの二つの要素は同じだ。三つ目は、コトラーはPlace（場所）

としているが、インターネット時代のいまは〈アクセス〉の方がいい。物理的な「場所」に囚われずイマジネーションをサイバー空間にまで拡げやすい。

コトラーの四つ目のPromotionも同じだ。消費者としての自分の感覚からするとサービスと顧客体験と言われる方が考えやすい。

たしかこの授業のポイントは、超優良企業でもこの五つの軸のすべてでナンバーワンではない、ということだった。一つの軸で圧倒的な強みを持ち、もう一つで平均より少し良く、残りの三つは他社に負けない程度でいい。すべてで競合より良くなろうとするのは、コストも時間もかかりすぎるということなのだ。

たとえばアマゾンは価格でナンバーワン。実際にそうかどうかは別にして、そう消費者から思われている。だから、わざわざ価格を比較するまでもなくクリックしてしまう。逆に価格で勝負しない身近な会社の一つに、リゾート運営で存在感を増す星野リゾートがある。顧客体験で圧倒的であろうとし、サービスとアクセスで平均より少し高いレベルを狙っている。この非価格的な魅力を顧客に伝えることに成功している。

まず価格は排除しよう、とマリコは考えた。ネット通販との価格競争に巻き込まれたくないからだ。ある程度マッチングする必要はあるが、店を持たずに済む彼らのコストには太刀《たち》打ちできない。とすれば、残りのどれかで圧倒的な力を持たなければいけない。実際に、アマゾンも中国のアリババも実店舗の買収を進めている。非価格的な価値を構築するには、消費者との接点である店が必要なのだ。我々の店の魅力とは何か？　そこを徹底的につき詰める必要がある。商品、アクセス、サービス、顧客体験の四つしかない。そこに**思考スペースを限定することで、集中した議論ができる**。その中で徹底的に考えれば答えが見つかる。ネット通販にも負けない。もちろん他の実店舗にも勝てる。そういう効力感が得られる答えが……。

それを見つけるワークを考えればいい！

気がつくとテーブルの上のカプチーノは半分以上残って、すっかり冷えきっていた。白いマグカップの縁に付いた口紅をティッシュで拭きとると、マリコはトレーを持って立ち上がった。やることが決まった爽快感と決意が、歩くリズムを軽やかにしていた。

テーマ① 店の特徴を「見える化」する

マリコは、数日かけてもう一度考えを整理し、大和田にメールしてスカイプ・ミーティングを申し込んだ。彼女の考えではテーマは二つになった。一つ目は、この店のこだわりを明確化することだ。本社がくり返し言っている店のコンセプトと特徴の明確化を、ワークショップでやってみようと考えた。二つ目は、それを上手く顧客に伝える魅力的な接客術だ。

Story 1
南里マリコの挑戦

息子を寝かしつけ家事を終えた夜11時にスカイプはつながった。広角レンズのためか大和田の顔は平べったく、脂が浮いて少し疲れて見えた。背景に見慣れない書棚が見える。書斎なのだろうと思った。

いつもより、大和田の眼が細くショボショボしているように見えたが、マリコの説明をじっくりと聴く姿勢に変わりはなかった。説明が終わると数秒間の静寂が訪れた。

「…、その一つ目の〈店舗のこだわりの明確化〉は、店舗経営の永遠の課題だね」声が少しかすれていた。大和田はマグカップに口をつけて喉を湿らせた。「これだけに絞って**具体的な、実行可能な案が出るまでくり返し行ってもいいかもしれない**」

「えっ」マリコは少し驚いた。このテーマにそんなに時間が必要なのか？

「みんなで集まって、店の特徴について話しあうのはいいことだ。たぶん〈こだわり〉というものがいくつか出てくるだろう。しかし、それだけでは本物の特徴は出てこない」大和田は、まだまだ浅いという笑みをマリコに向けた。

「それで標語みたいなものをつくっても、何の役にも立たない」

「……」

「君も見たことがあるだろう。標語のようなものを貼りだしている会社。あんなもので会社は変わらない。それで店が活性化するほど現実は甘くない」

「どうすればいいのですか?」マリコは、「教えない講座だと言っただろ」という決まり文句が返ってくるのを覚悟して訊いてみた。

「いま言った通りだよ。**実行可能な具体的な案、それが毎日のように話しあわれるようにならなければダメだ**」

「具体的な案…、毎日のように話しあわれる…」

「ほかの大学なら、標語みたいなのが出てきたら単位を取れるかもしれないが、うちはダメだよ」と大和田は渋い笑い顔をつくった。

テーマ② コンサルティング接客の意識を持つ

「二つ目の接客術。いいことに気づいたね。これは、店のこだわりを見せる具体的な手段の一つになる」夜遅いせいか、大和田の口調は、いつもよりまったりとしている。

日本は言葉遣いや行儀作法にうるさい社会だ。ワンダーXでもエアラインのOGを講師に招いて毎年接客研修を行っている。しかし、それはできて当たり前というレベルの「行儀作法」で、それによって店が選ばれるわけではない。

「そういう接客と勘違いされないような言葉を選んだ方がいいね」

この会社が追求すべき接客とは、**客がここでの買い物を楽しく感じること、意味のある買い物ができたと感じること、そういう顧客体験を実現する接客**だ、と改めてマリコは説明した。

「いいね…」と大和田は同意し、「それを〈コンサルティング接客〉と名づけてはどうだろう」と提案した。

コンサルティング営業という言葉は聞いたことがあるが、コンサルティング接客という言葉ははじめて聞く。

「うん、そうだろう。いま造ったんだよ。営業という言葉より、接客という方が、君のところの店員さんには響くんじゃないかと思ってね」

同じ意味でも、言葉選び一つでイメージが膨らむこともあれば、そうならないこともある。それが言葉選びのセンスというものだ。

「本当は、コンサルティングという言葉も気にいらない。上から目線だろ? 何かもっと君のところの店員さんたちに響く言葉があればいいんだが…」大和田は意外と繊細な一面を見せた。

「まぁ、それは君が考えることだ」

店の商品を売るのが普通の接客だとすれば、**コンサルティング接客は、価値のあるショッピング体験をしてもらうための接客。売る商品は、場合によっては店にはないかもしれない。**

コンサルティング接客をするためには、まず豊富な商品知識が必要だ。しかしそれだけでは不十分だ。お客様の本当のニーズを素早く察する共感力、最適な商品を選択してスマートに紹介するコンサルティング力がいる。

つまり**客との何げない会話の中から本当のニーズをつかみだす力、それを押しつけではなく納得的に紹介する**、それがコンサルティング接客と普通の接客との違いだ。

ワンダーXの店舗スタッフは、商品知識という点では申し分ない。みんなよく知っている。問題は、対話力とニーズをつかみだして納得的に価値を感じてもらう商品紹介をするコミュニケーション力だ。

このワークショップの狙いは、店員一人ひとりがコンサルティング接客という意識を持って日々アンテナを立て、状況に応じて的確なサービスを提供しようとする、そういう態度を養うことにある。そんなワークショップを店舗経験のない自分にできるだろうか？　大和田と話をする中でマリコの不安感はまた膨らんできた。

テーマ③　働き方を変える

「〈店舗のこだわりの明確化〉に絞ってはどうか、とはじめに言っておいて矛盾するようだが…」マリコがミーティングを終えようとしたところに、大和田が待ったをかけるように話しはじめた。時刻は零時を少し回っている。

「三つ目のテーマとして、〈働き方を変える〉ためのワークショップを加えたらどうだろう」

企業の活動の中にはずいぶんとムダな時間がある。それを見つけて有効化していかないと時間がなくなる。溢れた仕事は残業に流れだしてワークライフバランスは悪くなり、従業員は疲弊する。会社としてはコスト増になるが、その割に成果は出ない。誰にとってもいいことはないのだ。

「南里君の経験で、会社で『この仕事はやめよう』と決めたことはあるかね?」

大和田の質問に答えるのに考える必要はなかった。一度もない。

「しかし、新しくやることは毎週のように決まっていくだろう。君のワークショップでも新しくやることが決まる。仕事は増えるんだよ」

ムダな仕事を見つけてやめる。ムダな時間を見つけて有効化する。そういう活動を一緒にやらなければ現場は忙しくなる一方だ。**そういう仕事の整理をしていかなければ、せっかく新しいことを決めても、忙しすぎて実行されない。新しく決めたものを実行するためには、昔からやっている何かをやめる。**それが新しい活動を成功させるためには必要だと大和田は力説した。

マリコは驚いた。目から鱗《うろこ》とはこういうことを言うのだろう。そういう意識を持っていれば、自分のワークライフバランスも良くなるかもしれないと思った。

「こういう作業の中のムダ取りは、日本の工場の中ではずいぶん行われてきた。それを店舗運営でも取り入れた方がいい」

「……?」

「四六時中来店客がいて忙しい店はない。必ず遊び時間、アイドルタイムが生まれる。そこがどう使われているかが、店の場合の着目点の一つだ」

来店客が減ると単に「休憩時間」になっている店が多いと大和田は言う。売るという行為以外に店にはやることがたくさんある。発注・仕入れ、商品の展示、POP作成・掲示、店内の整理整頓、未熟な店員の教育、本部との情報共有、近隣店との連携、競合店の動向調査、修理、万引き対策、在庫管理…、数え上げるときりがない。

来店客が少ないときが「休憩時間」になっていると、こういう仕事が残業に回る。すると疲れがたまって、どうしても就業時間中に「休憩時間」が必要になる。するとまた残業が増えるという悪循環に陥る。それが習慣化すると、来店客が減ってもそのパターンから抜けられなくなる。

「だから、意識的に仕事を見直す必要がある。段取り良く仕事をするための働き方改革が必要なんだよ」

「自分のチーム」という意識を創れるか？

このスカイプ・ミーティングの結果、テーマは次の三つになった。

①店の特徴を「見える化」する
②コンサルティング接客の意識を持つ
③働き方を変える

大和田は、この三つすべてを来年の2月21日の発表会に間に合わせる必要はないとつけ加えた。むしろ発表会向けに形をつけた活動は評価しないとまで言いきった。

「一つ目ができれば、十分合格だ」

こういう活動は一度行ったら終わりではなく、くり返し行う必要がある。**メンバー一人ひとりが「自分のチーム」という意識を持って自ら考え、与えられた環境に適応していく。**そういう習慣を持つきっかけづくりになったかどうか。

「それが評価基準だ」

大和田の眼は大きく見開かれ、1時を少し過ぎていたが、もはや眠気は感じられなかった。

Story 2

事業承継

事業売却の決断

話は南里マリコがこの会社に入社する1年半ほど前、まだ鯨岡雅夫も入社していないころにさかのぼる。

77歳になっていた金藤喬俊は46年前に創業した会社ワンダーXを手放す決心をしていた。株式の過半をファンドなど数社に売却する。

金藤は20代後半に読んだ寺山修司の『書を捨てよ、町へ出よう』に強く感動し、休職して8か月間世界を放浪した。帰国するとすぐに会社を辞し、世界中で見てきた驚きの品々を輸入して売る小さなショップを開いた。それが当たって店を大きくし、上野を中心に数店舗運営するまでになった。

それが15年ほど前、センスのいい珍しいブランド品が並ぶバラエティショップとして注目されるようになり、全国展開が始まる。特にこの10年ほどは、そのユニークな品揃えで急速に成長してきた。

金藤喬俊には二人の息子がいた。乳がんで先立った先妻との間にできた長男俊夫《としお》と、再婚した二人目の若い妻との間にできた文也《ふみや》だ。幼いときに、資金繰りで走りまわり店舗運営で苦労している父喬俊を見てきた俊夫は商売を嫌い、早々に医者になって大学病院で勤務医をしている。金藤はこの長男に家業を譲りたいと思っていたが、事業が大きく成長したいまも、家業を継ぐ気はまったくない。

次男の文也は29歳と、歳が離れている。兄と違って勉強嫌いの文也はこの会社を継いで社長になりたいという野心を持っていた。彼は、ちょうどこの会社の全国展開が始まり伸び盛りになっているときに中学・高校と進学した。使用人を顎で使うオーナー経営者はかっこよく、経営は面白いほど簡単に見えた。大学を出た後すぐにこの会社に入社して役員となる。

喬俊は、文也を自分の会社に入れることに反対だったが、ろくに就活もせずに大学を出てしまった息子を見捨てることもできず入社を許した。役員にしたのは、それ以外のポジションにつけても役に立たない、いやむしろ問題を起こし邪魔になるだけだとわかっていたからだった。どう贔屓目《ひいきめ》に見ても文也に経営はムリだとわかっていた。

遊び好き。それはいい。自分も若いときにはやんちゃをしてきた。役員としてエラそうなことを言いたがるが、どれもこれも聞きかじりで思慮が足りない。それもまだ若いから仕方ない。しかし失敗を部下のせいにし、うまくいくと自分がやったからだという態度はいけない。何かと言い逃れをしようとし、そのために姑息な嘘をつく。そもそも泥をかぶれないやつに部下はついてこない。人間としての成長も期待できない。

たとえ不肖の息子ではあっても、できれば会社を継がせたいと願うのは親心だ。しかしそれをやってしまえば会社はダメになる。ゼロからの46年、はた目には順風満帆と見えるが、何度も潰れかかった。うまく成長軌道に乗ったのはこの10年ほどだ。金藤には経営の厳しさが身体に染みついている。

会社経営は理屈じゃない。みんなが反対する危険な谷間をエイっと飛び越える勇気。逆にみんなが賛成する石橋を何度も叩いて渡らない用心深さ。その両方がいる。そこには理屈で割り切れないセンスとしか言いようがないものがある。文也にはそれもない。

「あいつに継がせるほどオレの目は曇ってはいない」と喬俊は何度も自分のゆるむ気持ちを戒めてきた。

事業承継を考えはじめてから、ただ青年実業家としてチヤホヤされたい息子と、辛酸を舐めてきた父との間で激しい口論が続いていた。親子で時には取っ組み合いにもなった。喜寿を超えても金藤喬俊にはまだそういう気性の激しさが残っていた。が2年前、ついに金藤は会社を人手に渡す決断をした。

逡巡をくり返していた金藤がついに売却を決断したのは、息子の女性問題だった。文也は以前から女癖が悪い。それは知っていた。しかし社員に手をつけた。それを理由にその女性は退職。おそらく表沙汰にはなっていないが、はじめてのことではない。自分が一人ひとり雇ってきた社員がみな知っていて、知らないのは自分だけ。裸の王様状態なのかと思うとたまらなくなった。

すぐに喬俊は懇意にしている証券会社と話をし、以前から考えていた上場へと駒を進めようとしたが、その矢先に体調を崩した。心筋梗塞。とても社長としての激務を続けることはできない。証券会社の勧めを受け入れ、いったん会社を人手に渡して、その力で上場してもらうことを決意した。

会社を買いたいというファンドや事業会社、数社と面談した。ファンドと言えばハゲタカというイメージしかなかった喬俊にとっては想定外だったが、実際に会って話してみると悪くない。

事業会社は自分の事業意志を持っている。そういう会社に売って会社をいいようにバラバラにされるより、お金だけに興味があるファンドの方がよさそうに思えた。彼らはこの会社を伸ばして会社の価値を高め、株を売って儲けようとしているだけだ。会社は存続し、そのアイデンティティを保ちながら発展する。ファンドにはそれ以外の目的は何もないからわかりやすい。

結局、ファンドとその共同投資家数社の連合に株式の過半を売却することにした。筆頭株主になったファンドは、3年後の上場を目指してコンプライアンスの徹底、経営の合理化を図ることにした。金藤家のサイフと会社の経理は混在していた。労働基準法に抵触するブラックな面もある。どこのオーナー企業にも少なからずあることだが、上場するにはまず会社をきれいにし、透明性を高める必要がある。

体調を崩している喬俊は役員から外れ、形だけの相談役に退いた。代わりに外部からプロ経営者を自任する鯨岡雅夫が社長に招かれた。52歳。外資を渡り歩いてきたせいか言葉に英語が多い。適度に日焼けした色艶のいい顔。年齢を疑わせる引き締まったウエストに太めの腰と大腿部がスポーツマンであることを主張している。透明性の高い経営スタイルとタフな意思決定ができることを売りにしていた。

文也は役員の一人として残った。創業家の代表という位置づけだ。とても役員という器ではないが、創業者金藤喬俊への心遣いであるらしい。

喬俊の右腕で経理全般をみていた杉山義男《すぎやまよしお》は専務に昇格した。5年前に銀行から転職してきたもの静かな仕事人だ。当時は、上場を目指すから力になってほしいと請われて入社したが、上場を目指す動きは結局いままでなかった。それでも不平を言わず、黙々と仕事を続けてきた。杉山は会社の数字を、その裏の裏まで熟知している。まじめさと知識と経験が買われた順当な昇格だった。

それ以外に二人の社外役員が加えられ役員は計五名となった。小売業を知悉《ちしつ》しているコンサルタントの高松隼人《たかまつはやと》と投資ファンドのバイスプレジデント、茂木智子《もぎともこ》だ。

役員五人、と言っても四半期に一度の役員会議に集まるだけだが、金藤喬俊の勘と度胸、それに運でやってきたこの会社の経営幹部に、これだけ外部の血が入るのははじめてのことだった。

悪化していく経営環境

鯨岡雅夫が代表取締役社長に就任したのは、売却後数か月たった昨年7月のことだった。その直後から、まるで喬俊の魔法が消えたかのように売上は急落し、業績の低迷が始まった。いまから振り返って見れば、喬俊が株を売却する直前の3年ほどの間は一種のブームだったのだろう。ミニバブル。その反動で需要が急落し、業界全体が苦しみはじめた。

喬俊は、最も企業価値の高いピークで売り抜けたことになる。本人は、それを潔しとはしないが、成功した創業経営者がそうであるように、金藤にもそういう運としか言いようのない何かが備わっていたのに違いない。

それから1年、厳しい需要環境の中で、鯨岡はいろいろな施策を次々と打ちだして難しい舵取りを進めてきた。売上を落としているとはいえ、業界の中ではよく健闘している。

しかし、この業績低迷を文也は鯨岡のせいだと批判した。彼自身、執行役員の一人だから、業績低迷は彼の責任でもあるはずだが、まるでそのことを忘れたかのように、社内野党化しているのだ。

鯨岡に代わって自分が社長になるためには株主であり創業者として影響力のある父喬俊を動かすのが一番だ、と考えた文也は、療養を兼ねてベトナムのフーコック島に居を移している喬俊に、ネガティブ情報を吹きこんで自分のポジションを高めようとしてきた。もちろん、そんな子供っぽい言動に父が動くことはなかった。

好業績のときに金藤から株を買ったファンドは、買収後間もなく同社の売上が下がりはじめ、計画を大きく下方修正せざるを得なくなった。——金藤喬俊はブームが去ることを知っていて高値で売り抜けたのではないか……、（騙された）とまでは言わなかったが、ピークで株を掴まされたと、数字にしか関心のないファンド・マネージャーは猜疑心を膨らませていた。

株主からのレイオフ圧力

4月28日。鯨岡が社長になってから四度目、今年度としては最初の役員会でのことだ。

「1年以上先のことで恐縮ですが…」ファンドから社外役員として来ている茂木智子が手を挙げた。「来年度の業績予想をお聞かせ願えませんか？」

昨年度の業績報告と今年度の予算に対する見通しが中心課題なのに、それについての質問はなく、いきなり来年度の見通しを訊いてくるとは……。鯨岡は想定外の質問に戸惑った。

34歳。ショートヘア。白のブラウスに黒のジャケット。ナチュラルメイクでほとんど化粧をしていないように見える美人だ。外資系のコンサル上がりらしく数字には強い。実務経験はないが、そう簡単に業績が回復しないことは見抜かれている。都合のいい言い逃れはできない。

「今年度がまだ始まったばかりで、来期の話をするのはいささか時期尚早ではありますが…」鯨岡は言葉選びに血圧が上昇するのを感じた。「個人的には今年度並みではないかと…」

「そうですか」茂木智子は冷たく頷いて一拍おいた。

「ということであれば、これまでの経緯を見ても、今年度中に20パーセント程度のレイオフを断行される必要があるのではないでしょうか？　検討をお願いします」

言葉遣いは丁寧だったが内容は冷徹だ。抑揚のない話し方に、まるで美人アンドロイドがしゃべっているようだと鯨岡は内心笑ってしまった。ファンドからそういう圧力がかかることは、プロを自任する鯨岡にとっては想定内の話だ。

会社の金銭的な価値は、株価総額と借入金の和で定義されている。株価は利益の多寡とその将来展望で決まる。売上を伸ばせないなら、先手を打ってさっさとコストを下げ、利益を確保しろ、ということだ。会社の金銭的価値を上げることだけを考えた単純なロジック。それ以外に他意はない。だからこそ金藤はファンドを選んだのだった。

レイオフは短期的にはコストが嵩む。茂木の指摘は、今年度の利益は犠牲にしてもいいからレイオフして来年度の人件費、つまり固定費を下げておけ。それによって来年度は確実に期待通りの利益が出るようにいまから準備しろということだ。それができないなら社長失格。クビということだろう。

——そんなことはわかっている…、と思ったが、鯨岡はそれを顔色にも出さなかった。もし茂木の言う通り実行すれば、この会社の生命線である専門性を持ったカリスマ店員を失う可能性は低くない。継続性は保てるだろうか？　いや、今年度20パーセントもレイオフすれば戦力を失うに違いない。

それで来年度V字回復できるのか、と茂木に問えば、「また雇えばいい」と返事が来ることは見えみえだ。「単純労働者ではないから雇用は簡単ではない」と言えば、「それがあなたの仕事でしょう」と切り返される。詰将棋のようにやり取りをシミュレーションして、反論の余地がないとすぐに察した鯨岡は「検討します」とつくり笑顔を返した。

社長に就任して10か月だが、この会社にある種の職人気質的文化があることはわかっている。カリスマ店員の専門知識と販売力が会社を支えている。彼らがソッポを向けばどうしようもなくなる。20パーセントレイオフがその心理にどう影響するのか、鯨岡にはそこを推し測る自信はまだなかった。

離反する創業家

この4月の役員会でのやり取りを、文也はリストラしようとしていると脚色してフーコック島の父喬俊に電話で伝えた。鯨岡はリストラするとは言っていない。ただ社外役員の一人から質問があり、検討課題になったにすぎない。

しかし喬俊はこの話を聞いて激怒した。5月に帰国すると鯨岡に詰めよった。鯨岡は、一つの案として役員会で提案されただけで、実行すると決めてはいないと、事実関係をそのまま説明したところ、「決めてはいない」とはどういうことだ、と言葉尻を捕らえられてしまった。「この会社は人でもっている。リストラを検討すること自体、許されない」と金藤喬俊は激高した。

そのあと体調を崩した喬俊は再びフーコック島の別荘に戻ったが、この問題を契機に、鯨岡に懐疑的な目を向け、文也の讒言《ざんげん》を聞くようになってしまった。

Story 3

はじめてのワークショップ

ワークショップの準備

話を戻そう。

8月の幹部会で承認されてから、マリコは港北店の店長、山川潤と何度か会ってワークショップの準備を進めていた。山川はあまり乗り気ではなかったが、幹部会の決定ということで、しぶしぶ従っている。

一回目のワークショップは、参加者の都合がなかなか合わないという理由で2か月後の10月中旬の月曜日に決まった。その代わり、店員のローテーションを調整してもらって一〇名全員が出席する。マリコはワークショップの詳細を詰めながら必要な準備を進めた。

人事係長であるマリコがやるワークショップで、サービス残業というわけにはいかない。この日オフの人には、鯨岡が3時間分の残業代を支給すると約束してくれた。社長から見れば大した金額ではないとはいえ、いま会社は1円でもコストを減らしたい状況だ。マリコは鯨岡の期待に応えたいと感じた。

いろいろと細かいことが気になった。授業で何度かワークショップに参加したことはあるが、自分がファシリテーターを務めるのははじめてだ。

まず時間だ。ワークショップは、時間を気にせず**全員が納得のいくペースで進めたい**。そのためには一回3時間はほしい。この店の開店は通常10時だが、10～12時の2時間では短すぎる。12時には店を開けたいから、スタッフにはいつもより早い時間に出勤してもらって、朝の9時から12時まで行うことにした。午前中は店を閉めたままにすることをモールに届け出た。いい顔はされなかったが、メンテナンス作業があるということで了承された。

場所は店の片隅。近くの貸会議室を使いたかったが、経費がかかる。それに店内でやれば、ワークショップが終わったら移動時間ゼロですぐに店を開けることができる。幸い港北店は広い。少し什器を動かせば店内にワークショップ用のスペースはつくれる。

ワークショップにホワイトボードは欠かせないが、店にはない。その代わりに模造紙のように大きな付箋を用意することにした。片面の端に通常の付箋と同様の糊がついていて、貼ったりはがしたりできるのだ。ホワイトボードと違って面積に制限がないので、ワークショップ中に書いたものを壁や什器の上に残しておける。発言を全部書き出して見える化しておくことができ、ホワイトボードよりいいかもしれない。

店の壁や什器には細かい埃がついている。その埃の上から貼っても落ちないように、付箋も粘着力の強いものを選んだ。これまで参加したワークショップで、付箋が途中で落ちて困っていたのを思いだしたのだ。一〇人参加するワークショップで何枚ぐらいの付箋を用意したらいいか、まったく見当がつかなかった。テーマによっても色分けしたい。足らなくなることがないように、二〇〇枚ずつ五色、トータル一〇〇〇枚用意することにした。マーカーも八色一セットのものを五セット、裏写りして壁や什器を汚さないように水性のものを選んだ。

ホンネの話しあいをする「知の作業場」

店内ワークショップの前日、マリコは息子を連れて店に行ってみた。学生でもあるマリコにとって日曜日は勉強のための貴重な時間だが、やはり明日はじめて行うワークショップが気になって勉強が手につかない。店長の山川潤とは、これまでに二回事前打ち合わせをしているし、それ以外にも何度か店には行っているが、それでも事前に様子を見ておきたかった。

日曜日の店は、いつも来る平日からは想像できないほど混雑していた。店員とは、はじめて連れてきた息子を紹介し、軽く言葉を交わす程度で、じっくり話をする余裕はまったくなかった。1時間ほど店にいたが、ぐずる息子を連れてモール内で昼食をとり帰宅した。具体的に何かが得られたわけではなかったが、少し気持ちが落ち着いたような気がした。

翌月曜日の朝、8時前にモールに着いた。数台の営業車両しかないがらんとした駐車場に小型のハイブリッド車を停め、社員証を見せて従業員通用口から入った。昨日とはまったく違い、ひと気がほとんどない。歩くと自分の足音が響く。それほど静まったモール内を歩くのははじめてだった。

さすがに早すぎたか、店舗スタッフは誰も来ていない。店の前のベンチに座ってメールをチェックしていると去年入社の牧野直人がやってきた。

「ふぇー！　早いっすね？」と言いながら店を開けてくれた。マリコよりひと廻り近く若い。笑うと白い歯が目立つほどの色黒。気さくでノリのいい男だ。

二人で什器を動かして店の一角にスペースをつくっていると、出社してきた他の店員も手伝ってくれた。大小いろいろな付箋を貼る場所を決め、パソコンの画像を投影するスクリーン代わりに、背の高い什器の上に模造紙大の付箋を二枚貼りつける。

開始15分前の8時45分にほぼ準備が終わったが、店長・副店長はまだ来ていない。ケータイで呼び出そうとしていると副店長の三浦可奈子が入ってきた。ちょうど着信したらしくバッグからケータイを出そうとしている。

「あっ、それ私」とマリコが声をかけると、

「すみませ～ん」と準備が終わっているのを見て照れ隠しの一言が返ってきた。

「店長は？」

「もうすぐ来ますよ。いつも遅いんです」

少し雑談をしていると、「オッス」と言いながら店長の山川潤が大きな体をゆすって入ってきた。9時を少し過ぎている。準備がすべて終わっている店内を見ても悪びれる様子はない。いつもこんな感じらしい。

「それでは、みなさん揃ったところで、これからワークショップを始めま〜す」

南里マリコは努めて明るい声を出そうとしたが、声が少し震えているのが、自分でもわかった。スクリーン上には、ちょっと面白いフォントで、

店舗名人ワークショップ　その1

と大きく映しだされていた。お茶目な顔の店舗スタッフのイラストも添えられている。

「このタイトルは二つの意味不明の言葉でできています。店舗名人とワークショップです」そう言うとまず「店舗名人」について説明を始めた。

お客さんにとって魅力的な店であろうとすると、いろいろ難しいことがある。いつ行っても待たされることなくサービスしてもらえて、どんな品物でもすぐに手に入る。そんな店は理想だが、しかし運営する側も人間だから24時間店を開けておくわけにはいかないし、何でも揃えておくこともできない。それはネット上でなら可能かもしれないが、実店舗では物理的にも経

Story 3
はじめてのワークショップ

済的にもムリだ。稼ぐ力がないと給料も払えない。魅力的な店と経済性、この二つの矛盾する課題を両立して達成するから店舗名人、と呼びます、とマリコは説明した。

「もう一つがワークショップ。みなさんはじめてですよね？」

何人かが心細そうに頷くのが見えたので「ワークショップというのは、『作業場』という意味です」と続けた。

ここは作業場。何かを造り上げるためにみんなが腕まくりして協力して作業をするところ。職位の上下、先輩後輩は関係ない。店長にも副店長にも遠慮はいらない。正しいものは誰が言っても正しいし、間違っていることは社長が言っても間違っている。

「そういう**ホンネの話しあいをする作業場**です。私はファシリテーターと言ってこのワークショップを運営する係です」

マリコは自分の役割についてそう説明してみたが、何の反応もない。にこりともしない不愛想な顔が目の前に並んでいるのを見ると心臓が高鳴ってきた。

店長の山川には、上下関係のないフラットな場所にしたいから店長からの趣旨説明はなしと事前に了解を取っていたが、自分が場違いなことをしているのかもしれないと不安になる。そう言えば、店長が遅刻してきたのは、それが気に入らなかったためかもしれない……。

不安が増幅しそうになるのに気づいたマリコは、意識して息をゆっくりと長く吐いて、大きく吸うと不安感を打ち消すようにさらに大きな声を出した。
「まず、はじめにこの『空気』を変えましょう」

「空気」に支配されないためのグランドルール

「空気」が支配するというのは、日本だけのように言う人がいるが、会議に「暗黙（デファクト）のルール」があって、それが会議を支配するというのは世界中どこにでもある。上下関係、先輩後輩、ユーザー・サプライヤー、さまざまな利害関係に配慮しながら話をするのが人間というものだ。海外では、それを空気と呼ばないだけに過ぎない。

会議をその場の空気に任せてしまえば、自由な発想、自由なコミュニケーションはできなくなる。その対策としてグランドルールづくりを行う、ということをマリコは去年参加したビジネススクールのワークショップで習った。

その暗黙のルール「空気」の影響を排除して、自由な発想と話しあいをうながすためにみんなでグランドルールをつくる。つくったルールもそうだが、**みんなでつくる作業自体に、ここは違う場だと感じさせる効果がある。**

「付箋一枚に一件、『これを守ってほしい』と思うものを書いてください」

黄色の付箋を取りだして、マーカーと一緒に配りながらマリコは極力明るい声を出した。

「一件でも二件でも好きなだけ書いていいです。ただし付箋一枚に一件。付箋は何枚でもありますから遠慮なく使ってください。3メーター離れても読める大きさで書いてください。太い字でね」

付箋を受け取った店舗スタッフは、そう言われてもきょとんとしていた。

「何書けばいいんですか?」

それを声にしてくれたのは、はじめに店を開けてくれた牧野だった。

「ですよね」マリコは自分もそう感じたことを思いだしながら、「こういう態度をされると話しにくい」みたいなことを書いてほしいと説明した。

「たとえば…?」

「たとえば、すぐ否定されたり、嫌な顔されるだけでも喋りにくいでしょう」

「『否定しない』とかって書けばいいんですか?」

「とかね」

なかなか動かなかったマーカーがこれで動きはじめた。しかし、誰も前に出て壁に貼りだそうとはしない。二、三枚書いたものがあって手が止まっているスタッフの付箋を「これ、いいですか?」と取り上げてマリコが自分で持って行って壁に貼った。

「そこに貼ればいいんすか？」

つられて立ち上がり自分で付箋を貼りに来るスタッフが出てきた。

書く・立つ・歩く・貼る・説明する、といった軽い動作を交えながらの方が脳は活性化して、意見が出やすくなる。最近の脳科学でも、その経験則の正しさが証明されつつあるが、**ほとんどの人はそういうワークショップの作法に慣れていないから、ファシリテーターが例を出したり、自らの動作でナッジ（誘導）しないと始まらないことが多い。**

同じ付箋は縦に、違う付箋は横に

「ほかのも見てください。もし同じ内容のものがあったら縦方向に並べてください」

マリコは貼る場所に注文を付けた。違うもの、たとえば〈否定しない〉と〈笑いながら〉は違うコンセプトなので横に並べて貼っていく。〈否定しない〉〈否定でなく代案を〉のように似たようなものは縦に並べる。

「みんな、座りこんでないで！　立ち上がって！」

動きが鈍い。マリコは五〇枚ほどの乱雑に貼られた黄色の付箋の前に立って、数枚だけルールに従って縦横に貼り直して見せると「ハイ、やって！」と全員を急きたてた。一瞬、全部自

図表1　同じ付箋は縦に、違う付箋は横に

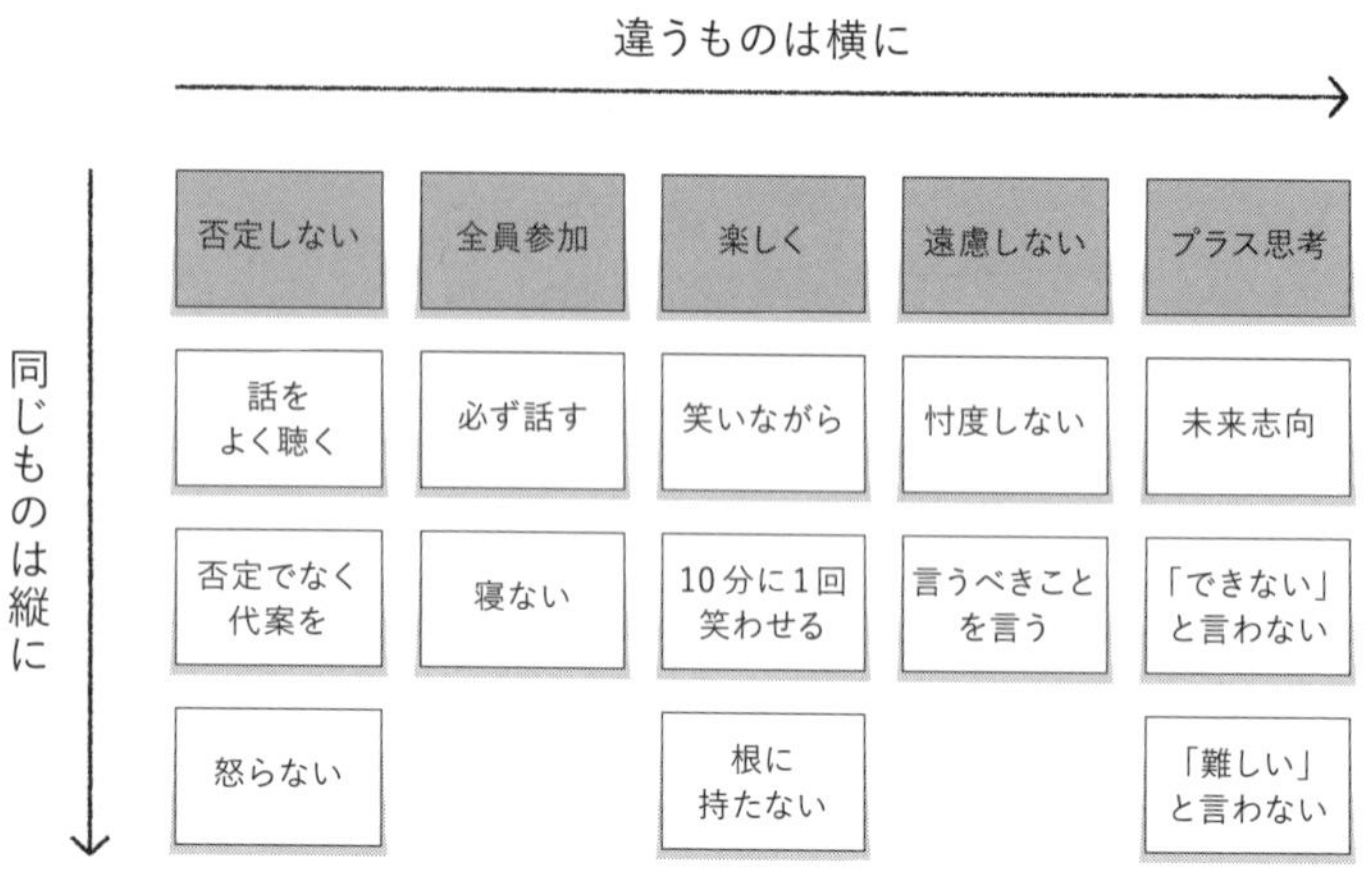
違うものは横に
同じものは縦に
否定しない
全員参加
楽しく
遠慮しない
プラス思考
話を
よく聴く
必ず話す
笑いながら
忖度しない
未来志向
否定でなく
代案を
寝ない
10分に1回
笑わせる
言うべきこと
を言う
「できない」
と言わない
怒らない
根に
持たない
「難しい」
と言わない

分が整理しようかと思ったが、そうするとみんなが「見物人」「お客さん」になってしまう。

「この〈寝ない〉って、そっちの〈傾聴する〉と一緒でいいんじゃない？」

「違う、違う。でも〈最後まで聴く〉は一緒かな？」

「〈怒らない〉と〈笑顔〉は一緒だね」

「違うと思う」

「〈隠さない〉はここじゃない…」

全員立ち上がって、付箋の貼られた壁の前で話しあいながら付箋の貼りかえ作業が進んだ。動きだすと早い。あっという間に一七枚の付箋が横に並んだ。一七種類あるということだ。縦には一枚だけのところもあれば、一〇枚並んでいるところもある。参加者が一〇人なのだから一〇枚というのは全員が同じようなルールを書いたことになる。

「グランドルールが一七もあると、多すぎて覚えていられないし守れません。三つに絞り込みたいと思います。投票で決めたいと思いますが、いいですか？」決め方に同意を求めると頷くのが見えた。（少し反応が出てきた！）

「じゃ、一人三票。一番上の一七枚の付箋に『正』という字を書く形で投票してもらいます。いいですね？」

「同じところに三票投票してもいいですか？」副店長の三浦がよくわからないという声を上げた。通したいルールがあるのかと思ったが、どうやら何でも細かいことが気になるタイプらしい。

「もちろんで～す！」と明るく応じた。

投票はすぐに終わり、マリコは誰にでもわかるようにゆっくり声に出して数えた。

「〈否定しない〉が圧倒的です。えっと一〇票、全員賛成ということでしょうか？　二番手は、〈ポジティブ〉と〈お客様目線〉が四票ずつとって同票です」

「もう一つありますよ。左端」と誰かが指摘した。

壁に近いマリコの立ち位置からは見えにくいところに〈楽しく笑顔で〉があり、よく見ると同じく四票とっていた。

「じゃ、この三つで決選投票して二つに絞り込みましょう」

マリコは全員にこの三つにもう一度投票するようにうながした。

「今度は一人一票ね」


こうして〈否定しない〉〈お客様目線〉〈楽しく笑顔で〉の三つが選ばれた。用意しておいた模造紙大の付箋を取りだすと、そこに〈否定しない〉を赤で、〈お客様目線〉はブルー、〈楽しく笑顔で〉はグリーンと一行ずつ色を変えて大書した。

「この中で一番背の高い人?」と助けを求める。

「オレかな?」

都築《つづき》俊平は、どこかひょうひょうとしていて愛嬌がある。立ち上がると座っているみんなを見下ろすような感じになった。

「何センチあるの?」

「190ぐらい」

「ひぇ〜。じゃ、これをみんなが見やすいところに貼ってくれる」とグランドルールを大書した大きな付箋を差しだした。

「はがしてもまた貼れるんだ。これイイや」

壁の一番高いところにグランドルールは貼りだされた。

「じゃ、みなさん、これからはこのルールを守りながら、他人の話を否定しないでよく聴き、お客様目線で、楽しく話しあいましょう」

マリコが読み上げると、店長の山川が突然立ち上がった。

「おい、みんなこれ唱和しよう。都築、お前やれ」

都築はもう一度立ち上がって声を張り上げて読み上げはじめた。

「グランドルール、一つ〈否定しない〉」「否定しない」唱和が始まった。

「二つ〈お客様目線〉」「お客様目線」

「三つ〈楽しく笑顔で〉」「楽しく笑顔で」

体育会系だっ！　とマリコはその迫力に少し気押された。出たことはなかったが、開店前の朝礼で店のモットーを、この調子で唱和しているから慣れているらしい。

時計をチェックした。ずいぶん時間をとったと思ったが、15分ほどでグランドルールはできた。みんなが唱和するのを聞きながら、マリコはしっかりとこのグランドルールを目に焼きつけた。ファシリテーターとしては、ミーティング中にルール違反の人が出てきたら注意しないといけない。

考える頭への準備運動

「すごい迫力ですね。その勢いでお願いします」

マリコはパソコンに向かうと、スライドを一枚送った。


『良い店』と聞いて思いだすぉ店は？


と大書されたスライドが映しだされる。かわいい飲み屋のイラストが添えられていた。

「みなさんは店員ですが、同時に消費者でもあって、お客さんとしていろいろな店に行きますよね。それで自分が気に入っている店を、先ほどと同じように付箋に書いて壁に貼りだしてください」ピンクの付箋が配られた。

「さっきと同じです。一枚に一件。遠慮なく付箋を使ってください」

グランドルールを書いてもらうときにも注意したことだが、それでも一枚に三件も四件も箇条書きする人がいたのでくり返した。

「いいお店って、どこでもいいんですか？　何の店でも？」

「何の店でもＯＫです。具体的に固有名詞を書いてください」

グランドルールづくりのときより、少し店員がリラックスしてきているのを感じた。

〈ラーメン赤坂〉〈ユニクロ〉〈居酒屋よっといで〉〈ディズニーランド〉〈TSUTAYA〉〈アップルストア〉〈セブン‐イレブン〉〈スタバ〉〈伊東屋〉……。

どんどん書いては壁に貼りだしていく。〈アマゾン〉〈楽天〉とネットショップも出てきた。お店と言っているのに聞いていないのか、中には〈スクウェア・エニックス〉や〈スタジオジブリ〉といった会社名も紛れこんでいる。「これはお店ですか？」と確認して、違うものは外していく。

「並べ方ですけど、今度はさっきとは逆にしましょう。縦に並べていってください。もし同じ店があれば、それは横に並べて」

出てくる件数が先ほどよりかなり多いことを想定して、壁に収まるようにレイアウトを変えることにした。

それまで遠慮がちに立ったり座ったりしていた店員の動きが、少し軽快になってきた。予想通り店の数が多すぎて縦一行では収まらなくなったので、その右側に70センチほど間をあけて二列目、またあけて三列目をつくって貼っていく。10分ほどで、壁一面が「良い店」を書いたピンクの付箋でいっぱいになった。

「イイですね！」とマリコは嬉しそうに眺めた。「ヴィトンやアルマーニみたいなブランドショップが少ない。ラーメン屋とコンビニは多いけど…」

「そういう高級店には行けないですよ」

「給料安いもん」

マリコの冷やかしにヤジが返ってきた。**やはり身体を動かしながら話しあうと、雰囲気が柔らかくなるのが早い。**

「思いだし」から「抽象思考」へ

「じゃあ、ここで次の質問です。ここに書いてあるお店の何が、みなさんに『良い店』と感じさせたのか、それを書いて、その店の付箋の横に貼ってください」

そう言いながらマリコは一枚の付箋を指した。「たとえば、この〈ラーメン赤坂〉だと？」

と書いた人を目で探すと、目の合った嶌田《しまだ》尚平がニヤニヤしながら口を開いた。

「早い、旨い、安い、ですね」

「そんな感じ。イイですね。それを店の名前と見分けやすいようにグリーンの付箋に書いてください」

質問の難度が上がった。先ほどの問いにはただ思いだして書けばよかったが、今度は考えないと答えを出せない。この問いの順番は、今回のワークショップ・デザインでマリコが一番頭を絞ったところだった。

しかも「なぜ？」と訊く代わりに、意識的に「何が？」と質問することにした。「なぜ？」と訊けば、「雰囲気」といった抽象的な答えになりやすい。それに対して**「何が？」なら、具体的なモノに意識が向かうのではないか、その方がアクションに結びつくものを発見しやすい**のではないかと思ったからだった。

場が少し静かになった。頭の中で店を思いだし、答えを探っているのだ。

先ほどより時間はかかったが、それでもマーカーが少しずつ動きはじめ15分ぐらいの間に全員が店の横に何らかの「理由」を貼りだしてくれた。

「良い店」の特徴とは？

〈旨い〉〈安い〉〈早い〉〈何でもある〉〈レジ対応がいい〉〈雑談できる〉〈通勤の途中にある〉
〈ワクワク感〉〈いつもにぎわってる〉〈入るだけで楽しくなる〉〈品揃え〉〈店内がきれい〉〈店

の雰囲気〉〈店員の感じがいい〉〈買わなくてもいい感じがある〉……。

店名のピンクの付箋の横に、グリーンの付箋で理由が並んでいくので見やすい。

「少し説明してもらってもいいですか?」

マリコは、貼り終わった付箋の一番左端に立った。順に店の名前とその理由を書いた付箋を読み上げては書いた人が手を挙げるのを待つ。

「あぁ、それ私ですけど」

「〈店の雰囲気〉って書いてあるけど、具体的に何が、その雰囲気をつくっているのですか?」

「えっ。あ〜、雰囲気なので…、それを説明するんですか…?」

「何からその雰囲気を感じるのでしょうね?」もう一度「何?」と訊いてみた。

「それは…、少し照明が落としてあって、音楽がそれらしいとこかな…、少しアロマがあるような……、違うかな…?」

「商品の展示とか、店員さんは?」

「それもあります!　感じイイです」

「具体的には?」

「具体的にですか……」

「そう、具体的に何が感じよさを演出していると思いますか？」

「……」

思いだそうとしているが、それをいますぐに言語化するのは難しそうに見えた。

「次に行ったときにそういうつもりで観察してきてくれませんか？」

「あ、はい」と高木愛がペコリと頭を下げた。白いパンツルックの似合う若手だ。

「この〈品揃え〉って、どういう意味ですか？」次の付箋に移った。

「ほしいものが何でもあるんです」

「品揃えが多い、という意味ですか？」

「はい、ほしいものがあるので」

「自分の趣味と店のそれが合っているということも考えられますが、そうではなくて、物理的に量が多いということですか？」

「そうっすね。多いです」

「品揃えが多いだけだとアマゾンの方が圧倒的に多いと思うけど、横川君はアマゾンよりこの店がいいと思うわけですね？」

品揃えが〈多い〉のか〈良い〉のか、どちらかと聞いているのだが、意味が伝わっていないと感じたマリコはさらに質問を重ねた。

「そうっすね。アマゾンよりこっちの方がいいっすね」

「この店は何が良いのでしょう？　『品揃えの多さ』という意味ではアマゾンでしょう？」

「うーん理由は…、たぶん…、店だと触れるじゃないですか。あと、店の人の説明も聞けるし」

「なるほどね」

品揃えの多さと価格では通販に対して勝ち目はない。何が違うのか。消費者としてどこに違いを感じて店で買っているのか、そういうことを意識してもらおうと質問を重ねてみた。うまくその問題意識が伝わったかどうか…。しかし問い詰めてもこの場では答えは出ない。このあと、どう違うのかという疑問を自問自答しつづけてもらえればいい。そういう**問題意識を持たせることが今回のワークショップの狙い**なのだ。マリコは、「まだ答えになっていない。もう少し考えて！」という余韻を残してそれ以上追求するのをやめた。

「〈通勤の途中にある〉っていうのは、そうですよね。便利だもんね。私もつい寄っちゃう」

自分で解説すると説明を待たずに次の店に移った。

「この〈レジ対応がいい〉って、どういう意味ですか？」

「レジが速いんですよ。いつ行っても並んで待たなくていいんです」

「レジの手が速いということ？」

「う～ん。そうかも」

「何で速いのか、今度行ったときによく観察してきてもらえませんか?」

「うちの店はコンビニと違って、買ってもらうときにいろいろ書類書いてもらわないといけないから、あんまし参考にならないですよ」

「でも何かヒントがあるかもしれない。参考になるかどうかは観察してきてから考えましょうよ。ネ!」

「はぁ…」

「この〈ワクワク感〉って、具体的にはどんな仕掛けがあるからそう感じるのでしょうか?」

次に移った。

「仕掛けですか? うーん。その店に世界観っていうか、そういうのがあって…、展示とかも凝っていて、行くと何か発見っていうか、新しいものがあるんですよ。だから時間があったら、また行ってみようっていう気になる」

「へーえ。何のお店?」

「おもちゃ屋っ。模型とかモデルガンとか……」

「なるほど。その仕掛けがもっとわかるといいですね…」

「この〈雑談できる〉って、意外ですね」次の付箋に移った。

「何のお店？」

「スポーツ用自転車の専門店です」

「ふーん。スポーツ用自転車って、マウンテンバイクとか？」

「ロードバイクとか」

「って、どんな雑談ができるんですか？」

「サッカーの話とか、キャンプに行ったときの話とか」

「スポーツ用自転車とは関係ない話？」

「そう関係ない」

「それってサボってるんじゃん。それで売れるのか？」

隣に座っていた社員が口を尖らせた。

「でも、高田君はそこが気に入ってその店に行くわけですね？」

「そうそう」

ファシリテーターは議論の中身にも関わる

「実は、私いま大学院でビジネスの勉強をしています」

マリコは3か月ほど前にやったある小売店のケーススタディを思いだしていた。

「そこでも、『雑談ができる』って流行《はや》るお店の特徴として挙げられていました。ちょっとした会話なんだけど、お客さんとの人間関係、絆ですよね、そういうのが雑談でつくられるから。アマゾンの方が安いんだけど、その店で買う。店というより、親戚とか仲間から買うっていう感じになるんですね」

「南里さんは大学院で勉強してるんですか？」「いま？」「働きながら？」……。

話の内容より、大学院に行っていることの方に強い反応が出てしまった。マリコは、いつものクセで一瞬恥ずかしそうに身体をくねらせたが、ここは控えめキャラでやる場面じゃないと思い直して「まぁね」と胸を張ってみせて笑いを誘った。

「じゃ、雑談、いいんですね？」先ほど「サボってるんじゃん」と言った社員だ。

「たぶん、雑談できるという印象が重要なんじゃないかな？」

いまここで雑談を堂々と正当化してしまうと規律が保てなくなるかもしれない。そもそもファシリテーターである自分が答えることではない。

しかしここだ、とマリコは思った。ファシリテーターは、話しやすい場をつくったり、議論がうまくかみ合うようにプロセスはコントロールするけれど、その中身には入らない。そう教科書には書いてある。しかし「**実際には、チームが外からのインプットを必要とする場面があ**

る。そのときに発想を刺激するような話ができると、議論が大きく進むものだ。それがファシリテーターの価値を大きく左右するし、チームのアウトプットにも大きな違いが出る」と、大和田教授から言われていた。

「世界中には何千万店、いや億かな。まあたくさんお店があります。それらを経営している人たちは、どうすればもっと良い店になるか、もっとお客さんが来てくれるようになるか、ずーっと考えているわけです。ビジネススクールの先生の中にもそういう研究をしている人がいて、いろいろなことがわかってきています」

インプットは短く、考える空間を残す

全員の姿勢が変わった。こちらに向いて座り直したみんなの目の輝きが増したことで、少し照れくさくなったマリコは目を伏せマウスを操作し、目当てのスライドを探しだして、それをスクリーンに映しだした。

「この四つです」

● 店の特徴を意識して磨いている

●その特徴は店の内外で「見える化」されている
●人の顔が見える
●すぐやる・行動力がある

黙って全員が読み終えるのを待ち、その上で確認するようにゆっくりと音読してみせた。

「先ほどみなさんに、良い店を選んで、何がそれらを良い店だと感じさせているのか、書きだしてもらいました。それはこのスライドに書いてある『特徴』ということになります」

〈雑談できる〉〈安い〉〈旨い〉〈ワクワク感〉、みんな特徴だ。しかし、自分で特徴だ、と言っているだけでは自己満足に過ぎない。

「そうですよね。お客様がそれを感じないことには始まらない。感じてもらうために『見える化』の努力をしている。『店の内外で』って書いてありますけど、これ、どういう意味かわかりますか?」

目の前に座っている牧野直人とすぐに目が合った。

「インターネットやホームページのことですか?」

「たまたま前を通った人が店のショーウインドウを見て、なんていうのも多いとは思います。しかし私たちのような専門店の場合は、店に来る前に、ここに行くとこんなモノがあるだろう、こんなサービスがあるだろう、という何か期待を持って来店する人が多いのではないでしょうか。それはみなさんが書いたブログかもしれないし、SNSかもしれない。そうですよね？」

「あっ、そうか、SNS。口コミとかもありますね」若手の社員の方が反応がいい。

「とかもありますね。いいお店は、まず自分たちの特徴を意識して、それをお客様に感じてもらえるように『見える化』する努力を店の内外で行っています。これがこのスライドのはじめの二つです」

スタッフの目が真剣になっている。刺さっているな、と少し嬉しくなった。

「三つ目は、人です。思いだしてみてください。先ほどみなさんが挙げた『良い店』。顔が見えませんか？」頷くのが見える。

「店長というわけじゃなくて、このお店に行くと○○さんがいる。あの人から買いたい。そういう人です。良い店には顔になる人がいる。良い店は、それを意識的につくっています。演出です」

マリコは、自分がこの話を授業で聞いたときの感動を思いだしていた。

「四つ目の『すぐやる・行動力がある』というのは、競争があるからです。どこかの店が特徴を出したら、すぐにそれを真似るところが出てくる。そこに負けないためには、スピードと行動力が必要というわけです」

ここまで一気に話して自分がドヤ顔になっていることに気づいたマリコは、「という話を学校で習いました」と照れ笑いをした。エラそうに言ったって自分が調べたわけじゃない。聞きかじっただけ。それに自分が商品を売るわけじゃない。売るのはこの人たち。この人たちの腑《ふ》に落ちなければ、何の意味もない。そんな思いがマリコの胸の中で渦巻いた。

インプットの時間は短くとどめて**考える空間を残す。長く詳しくインプットすると、もっと教えてくれとなって「正解」を教えてもらおうとする依存体質を助長する**、という担当教授の言葉を思いだし、みんなの反応が気になった。

店の特徴とは「選ばれる理由」

すでに2時間近い時間が経っていた。トイレに行きたい人やたばこを吸いたい人のために15分ほどのバイオ休憩をとると宣言すると、何人かがあわただしく店を出ていった。マリコは残った人たちと雑談を交わしながらみんなの反応を探ってみたが、あまりはっきりしない。

すでにコーナーの壁面は付箋でいっぱいになっている。この後のワークに備えて、壁一面に貼ってある付箋を写真に撮って残したうえで、外して壁をあけた。

持ってきたお菓子と飲み物を什器の上に並べる。

「餌付けをしないと、やってもらえないと思って用意しておきましたよ」

休憩から戻ってきた店員に、チョコレートやお菓子を勧めた。糖分が不足してくると頭の回転が悪くなる。お茶やコーヒーは眠気覚ましになる。

「さて、これからはこの店について考えたいと思います。まず特徴です。これがうちの特徴だと思うものを、やはり付箋一枚に一つずつ書いて、これまでやってきたように貼りだしてください」

オレンジ色の付箋が配られ、書かれた付箋が壁に貼られていく。

「貼る順番はどうしましょう?」

このワークショップに慣れてきた副店長の三浦可奈子が訊いた。

「はじめにやったグランドルールのときのように、同じ内容なら縦に、違うものは横に並ぶようにしてください」

糖分とカフェインが効いたのか、動きが良くなったような気がする。壁一面に『特徴』がどんどん貼りだされていく。

〈品揃え〉〈価格〉〈専門知識〉〈接客力〉〈フレンドリーな雰囲気〉〈家族連れで入店しやすい〉

〈触れる〉〈試せる〉〈魅力的な目玉商品〉〈イケメン・美人揃い?〉〈立地のよさ〉〈私〉〈圧倒

的な品揃え〉〈安い〉……。

たしかにこれらは特徴ではある。しかし何か違う。どんどん壁に貼られていくオレンジ色の付箋を見ながら、マリコは自分の中の違和感を探った。

本当にこれで差別化されているのだろうか。ほかの店に行かずにこの店に来てくれるだろうか。

――そうか、これだ！……本社の言葉が店に正しく伝わっていない、その具体的な理由が一つ見つかった、と思った瞬間、「すみませ～ん」と声を上げていた。

「さっき『特徴』って言ったけど、ちょっと言い換えていいですか？」そう言いながら、スライドに映しだしたパワーポイントの画面に「選ばれる理由」と書き足した。いくら自分たちが特徴だと思っていても、それがお客さんから見てほかと違う魅力的な何かでなければ差別化にはならない。ここがちゃんと伝わっていないのだ。

「**『（自分たちが考える）特徴』ではなく、『（お客様に選ばれる理由としての）特徴』**と直します」

沈黙の中で「思考回路」はつくられる

この説明を始めたとき、付箋を持って立っている店員が一人いた。高田直樹だ。書いた付箋を壁に貼りに来たのだが、マリコの追加説明を聞いて立ち止まり、「違うな」と頭を掻きながら席に戻った。それがきっかけになったように、急に場は勢いを失い静かになってしまった。

——ヤバイ。まずかったかな、どうしよう…、マリコは少し動揺したが、どうしたらいいかわからず、ただ表面上は、当然でしょ、という笑みを浮かべて考えこんでしまった店員をぼんやり見ていた。

やがてマーカーが動く気配があり、立ち上がって付箋を貼りに行く店員が一人、二人と出てきた。何十分もそのままの状態が続いたように感じたが、時計に目をやると、実際には5分ほどの時間でしかなかった。

「実際にやってみるとわかるが、5分という沈黙の時間はファシリテーターにとっては信じられないほど長いものだ。しかし**時にはその沈黙に耐える必要がある**」と言っていた教授の言葉を思いだした。考えている静寂。いたずらにその空間を埋めて思考の邪魔をしない。

通常のミーティングなら常に誰かが話している。10秒も沈黙が続けば異常事態で、司会者は慌てて場つなぎをしてしまうだろう。しかしワークショップは違う。ここは作業場なのだ。言葉にできない、考える時間が10分、15分と続いてもかまわない。その考えている時間を邪魔しない方がいい。焦らず、待つ。

この何かを生みだそうと静かにもがいている時間の中で、ワークショップが終わってからも考えつづける思考回路が一人ひとりの脳の中に構築される。

——いまがその時かもしれない……、マリコは自分の迷う心を鎮めるために、くり返し呪文のように口の中でつぶやいていた。

ペイオフ・マトリックス

こうして二〇ほどの「選ばれる理由」が出てきた。

「みなさんいろいろな思いがありますね。ただこれでは多すぎます」

——こんなにたくさんできない……。いや、いま思いついたことをただ並べたにすぎない。もしそうなら、それこそこの店の特徴についてこれまで考えてこなかったことの証左ではないか！　この店より駅に近いところに、同業の店がある。そこを素通りさせて、わざわざこの店までお客さんに足を運んでもらうためにはいったい何を特徴にすればいいのか、もっとよく考え、絞りこみ、他店には真似できないくらいに徹底的にそれを磨きあげなければ……。

「〈お客様目線〉でしたね」マリコはグランドルールを指し、そういう視点でこの二〇項目を見て、現実的で効果的な三つに絞りこんでほしいと説明した。

「ちょっと手伝ってもらえますか?」

都築俊平と三浦可奈子に手伝ってもらって模造紙のように大きな付箋を四枚壁に貼って広い空間をつくると、その真ん中に大きな十文字を描いた。縦線は赤、横線は緑と色分けし、縦軸の上に「効果の大きさ」、横軸の右端に「実現可能性」と記した。

「右に行くほど実現可能性が高い。つまり簡単にできるということです。逆に左に行くほど難しい。縦軸は上に行くほど効果が大きい」と言って「大」と記した。

「こうすると右上のエリアは、簡単に実行できて効果が大きい、その下は実行しやすいけど効果が小さいということになります。いいですか?」頷くのを感じる。左上は、効果は大きいけど実現可能性があまりない。つまり難しい。

この図は、算盤《そろばん》があう(ペイオフ)かどうかを考えるという意味でペイオフ・マトリックスと呼ばれている。左下は、効果が低いのに難しい、つまり算盤があわないということだ。

「そこは、やる意味ないってことっすね」と高田が笑った。

「そうそう」(ついてきている!)と嬉しくなった。

「じゃあ、この上にいま書いた『選ばれる理由』をみんなで話しあって貼り直してください。

Story 3
はじめてのワークショップ

図表2　ペイオフ・マトリックス

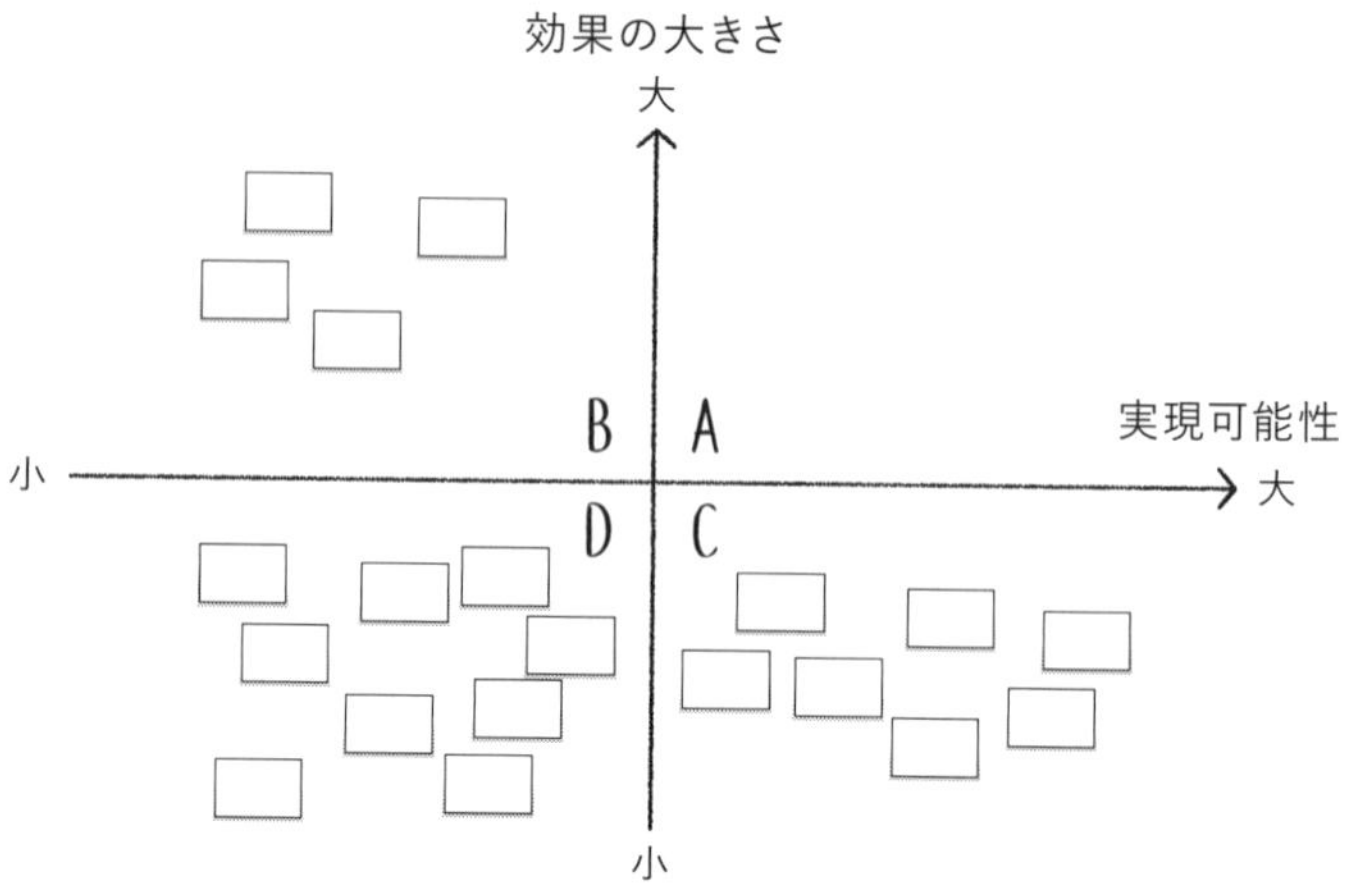

お願いしま～す」

マリコの一言でみんなが一斉に立ち上がって、壁に貼ってある二〇枚の「選ばれる理由」をこのマトリックスの上に貼り直しはじめた。

「そうかな、それもっと低くない？」「もっと左だよそれ。簡単じゃないから」などと話しあうのが聞こえてくる。一〇人の参加者の中の六人ぐらいが壁に描いたマトリックスの前でオレンジ色の付箋を手にして話しあっている。よく見るとこの店の若手が中心になっていて、店長の山川と副店長の三浦は少し下がって眺めているだけで、醒めた目で見ている感じだ。

5分もしない間に作業は終わった。右上の（簡単で効果が大きい）というエリアには一枚の付箋もない。二〇枚の「選ばれる理由」のすべてが、他の三つのエリアにばらけ、何と高田が意味ないと言っていたDゾーンが一番多い。

マリコは、「選ばれる理由」を絞りこむためにペイオフ・マトリックスが役立つと思いついたが、そのあとのことまではあまり考えていなかった。ここからどうしたらいいか考えながら、ゆっくりとそのマトリックスの前に歩み寄る。

——まず結果を共有しよう……。

「この左下は、高田君がさっき『やる意味ない』って言ってたところなので、無視しますね」

——外せるものは外す……。

「すると残りは、この（効果は大きいが難しい）の四枚と（簡単だけど効果が小さい）の七枚ということになります。いいでしょうか？」頷くのが見える。

「じゃあ、ここから『選ばれる理由』として、みなさんがこれから磨き上げていく特徴を箇条書きにしてみましょう。たくさん書いてもできないから、三つに絞りこみましょう」

また、静寂が戻ってきた。さっきと同じように待つことにした。しかし、今度は動きが出る気配がない。ここは難度が高い。——ひょっとして思考停止？……、とマリコはまた不安になってきた。

店の特徴を言葉にまとめるということは、店のコンセプトを創るということだ。たぶん、これまで店長といえどもそんなことはやったことがない。何か呼び水になることはないか……、と頭をめぐらしていると、ふっと（ターゲット顧客）という言葉が浮かんだ。

「どんな人に来てほしいですか？　こんなお客さんなら絶対満足させられる、そういう人たちってどんな人でしょう？」

しかし反応は鈍かった。――響かないか……、と思ったとき、

「ここモールですけど、家族連れとかよりも、自分はもっと要求レベルの高いお客さんに来てほしいです」と牧野が沈黙を破った。

「目が肥えた人、ということ？」

そう、と牧野が頷いた。

「それじゃ、儲からない」今日はじめて店長の山川が口を挟んだ。

「そういう人は、あまりお金を使わない。彼らはよく知ってる。だいたいそういう人は少ない。人数が」

「はあ…」と残念そうな牧野に少し同情を覚えたが、店長の話もわかる。

「山川さんとしては」とあえて店長という役職名を使わずに問いかけた。店長と呼べ、と部下に言っていることをマリコは知っている。ここは上下関係のない場だっ！　という思いを込めた。「目が肥えたよく知っている人より、はじめてというか、そういう初心者的な人をター

ゲットにした方がいいと思うわけですね？」

「そうっすね。単価は低いけど、その方がお客さんは多いですから」

「ほかの人はどう思いますか？　初心者に狙いを定めた方がいいですか？」

「初心者から少し目の肥えてきた人じゃないかと思います」副店長の三浦だ。

「なるほど。ほかの人はどうですか？　どういう人をターゲットにした店にするのがいいと思いますか？」

マリコはもっとほかの意見を引きだしたかったが反応がない。それでいいという意味なのかわからない。あと15分で12時になる。時間通りに終わらないと開店に支障が出る。延長はできない。

ただ集まって話しあっても成果は出ない

3時間近く時間をかけたが、お店が「選ばれる理由」をはっきりさせることはできなかった。素人のマリコから見ても、出てきたアイデアはありきたりのものばかりだ。

しかし、これ以上話しあう時間はないし、たぶん今日これ以上時間をかけても何も出てこないだろう。

苦労して会社に認めてもらって、いろいろ考えて準備して、3時間もかけてやったのに……、こんなものか！　愕然とした。悔しさで、目に涙が滲んできた。

いっそ自分が考えて整理してしまおうかと思った。それを仮説として残せば…、形はつく。しかしそれでは南里に押しつけられたと思われないだろうか。そうなら、せっかくワークショップをした意味がなくなる。マリコは逡巡したが、もう時間はない。

「そろそろ時間になりました」口が勝手に動きはじめた。「開店準備もあると思うので、ここで今回は終了したいと思います」

何も達成できなかったという酸性の思いが込み上げてきたが、ほかにできることは何も思いつかない。

「本当は、ここからこの店が磨き上げていく『選ばれる理由』を三つ決めて、それを見える化するアイデアを出すところまでやりたかったのですが、ここで終わりたいと思います」涙声になりそうなところをなんとかこらえた。

「みなさんお疲れ様です」

ペコリとアタマを下げ、自分の黒いヒールの靴先をぼんやりと見ながら悔しさをかみ殺した。

ただ人が集まってワークショップをやるだけじゃ、こんなものなのかもしれない……。

打ち切られたワークショップ

午前中のワークショップのあともマリコはそのまま店に残った。店のコーナーに立って開店後の動きをぼんやりと眺めていると頭が興奮状態から醒めていった。同じモールの中にあるファストフード店に入って、起こったことを反芻しながら遅めの昼食をとる。本社に戻ったのは午後4時近くになった。

上司の辛島仁慈人事部長は仙台店の副店長、江崎貴子と打ち合わせ中だった。そういえば同店のコンプライアンス問題の相談に上京すると聞いていた。帰社した挨拶だけして営業本部を訪ねてみた。本部長の須藤に会うのは気が重かったが、報告しないわけにはいかない。席にはいない。近くの人から関西に出張中で留守だと聞くと、少しほっとした。

自分の席に戻ってパソコンを開きメールをチェックしていると「どうだった?」と後ろから辛島の声がした。振り向くと、打ち合わせコーナーに誘われた。

ワークショップで使った付箋やペイオフ・マトリックスの写真をプリントアウトして、コーナーに急いだ。状況を手短に説明し、手ごたえを感じたと報告したが、珍しく辛島は顔を曇らせた。具体的な成果がほとんどない。営業本部長から、営業時間が短くなって売上に影響するとクレームが来ていたらしい。

「とにかく営業本部長に報告しよう。彼は先週末から関西に出張しているが明日には戻る。それまでに報告書をまとめておいてくれ」

マリコは、ある店で商品を着服していた店員の調査報告書を書き終えてから、夜遅くまでかけてワークショップの報告書をまとめた。それに壁に貼られた付箋とペイオフ・マトリックスの写真を添付して、営業本部長宛に送った。上司の辛島にはｃｃをつけた。眼に見える成果としては二〇件程度の店の特徴案しかない。それも〈品揃え〉〈価格〉〈専門知識〉〈接客力〉〈フレンドリーな雰囲気〉といったありきたりのものばかりだ。

翌朝一番で出社した須藤に報告に行った。

「まあ、こんなもんやろう」

彼はすでにマリコのメールを読んでいた。はじめからわかっていた、と言わんばかりの口ぶりだが、少し嬉しそうに見えた。

――営業本部はだらしない、と思われてるんやろうが、言った通りやろう。人事の浅知恵で何かやって成果が出せるほど甘くはない……、ということなのかもしれない。

「君の夜間大学の宿題、これぐらいにしといてくれるか」

ワークショップはこれで終了、とはっきり釘をさされた。（夜間大学じゃない）とマリコは反発したくなったが、しおらしく「はい、かしこマリコです」と小さく頷いた。

「悪いけど、午後の幹部会用の資料の手直しをせんといかん」

そう言うと、あっちへ行ってくれとばかり須藤は慌ただしくパソコンに向かって椅子を回し、部下から届いていた資料に手を入れはじめた。

Story 4

再チャレンジ

ワークショップどころじゃない⁉

その午後の幹部会には、上司の辛島が出張のために南里マリコが代理出席した。冒頭に営業報告があり、須藤哲夫が社長の鯨岡から厳しく追及された。

「明日までに新しい営業戦略案をつくってこい。これじゃステークホルダーに説明できない」

四半期に一度の役員会が1週間後に迫っていた。第2四半期の売上は昨年同期と比較して8パーセントも下がっている。これで3四半期（9か月）連続の昨対割れだ。営業利益はまだ経理部で計算中だが、この売上水準だと赤字に転落しているかもしれない。

この10月の売上も昨年同月よりかなり低い。まだ月末まで1週間余りあるが、その間に取り戻せるとは思えない。全国63店舗の中で昨年の売上を超えているのはわずかに3店舗しかない。東京の青山と福岡の天神、そして名古屋の栄にできた新館だけだ。残り60店舗はすべてが昨年より悪い。20パーセント以上売上を落としている店もある。

売上増減のランキング表がスクリーンに映しだされた。マリコは港北店がどこにあるのか素早く目で追った。上の方にはない。スーッと目線を下げていくと、下から5番目ぐらいのところにあった。——こんなに悪いのか……。

いろいろ販促活動が議論されたが、これまでに効果があったのは値下げだけだったという。

しかもただ安いだけではダメ。消費者の選択眼は厳しく、いいものが安くないといけない。良い商品でなければいくら安くても売れ残ってしまうらしい。

「面白い商材が出てきました」

営業部のあと調達部の番になると、部長の大山啓太が、追加で面白い商材を仕入れてはどうか、30パーセント引きで売っても十分な粗利が取れると彼の打開策を説明して胸を張った。

業界全体の需要が低迷しているから、流通在庫が溜まっている。取引先から40パーセント引きにするから買ってくれというアプローチが来ているのだ。

「2か月前にも同じような話があったな。それと同じか？」

鯨岡はしっかりと覚えていた。

「同じです。ほかの会社をあたっても売れなかったらしく、まだ業績のマシなうちで引き取ってほしいということです。2か月前よりだいぶ安く買えます」

大山は、悪びれる様子もなく、交渉力をアピールした。

それに対して専務で経理部長の杉山義男が難色を示した。いつもビジネスサイドの話には口出しをしないのに珍しく反対したのだ。それも激しく。

その理由を鯨岡が質《ただ》した。

「すみません。キャッシュフローがかなり厳しいので、つい……」

「それはわかっている。しかし理由はそれだけじゃないだろう」

「……、銀行が……」と言いにくそうに呟いて杉山は黙った。

「銀行がどうした？」

「…今朝、追加融資はできないと言ってきました」

「何っ！　先月私が会ったときには、只野部長は問題ないと言ってたじゃないか」

「それが何があったのか、急に変わりまして。今朝、その下の吉崎課長から電話がありまして、できないと……」

「理由は？」

「わかりません。いろいろ訊いてみたのですが要領を得ません」

「只野部長に会いに行こう。アポイントを取ってくれ」

マリコにはよくわからなかったが、銀行の姿勢が急に変わって資金繰りが厳しくなったらしい。

人事の番が来て、自分がやった港北店でのワークショップの報告をしたが、何の質問もなく5分で終わった。マリコは二回目のワークショップ開催を願い出たが、承認されなかった。それどころじゃない、という雰囲気の中で須藤の主張が通ってしまったのだ。

逆に、須藤からの提案で、就業規則が時代にそぐわなくなってきているとの理由から、人事規定を見直すことを求められた。人事部からいらぬ干渉を受けないように、もっともらしく人事の仕事を増やそうという狙いなのかもしれない。

現場からの再開要請

翌日出張から帰ってきた辛島部長に報告したところ、マリコがそれを担当することになり、さらに忙しくなった。規定を改定するにあたっては、いろいろ調べないといけないことが多い。社歴の浅いマリコにとって、過去の事例調査や実態調査のヒアリングの負担は小さくない。

10月のワークショップのあと、どうなっているか気になっていたが、店に出向く余裕がないまま時間が過ぎて年を越してしまった。店の方も年末年始のセールで忙しくしている。それがようやく一段落したのは1月も半ばを過ぎてからだった。突然港北店の山川潤が本社にやってきた。廊下を歩いてくる山川を見つけたマリコが声をかけた。

「珍しいですね」

「本部長のところに、ワークショップの二回目をお願いしに来たんですよ」

山川はにっこり笑って驚かせた。10月のワークショップの後、二度目の開催は営業本部の反対があり了解が得られないと山川店長には連絡してあった。その山川の方から営業本部長の須藤に、これまでに何度か電話とメールで再開の希望を伝えていたらしい。

「今日は直談判です。ちょうど展示会で東京に来る機会があったので…」

店舗スタッフがワークショップの二回目をやりたがっているというのだ。

これまで会社から「もっと店舗コンセプトを明確化しろ」と言われてきた。しかし、あのワークショップの前までは、「そんなことはわかっている」「前からやっている」「煩《うるさ》いなぁ」と思っていた。

「恥ずかしいことに、あのワークショップを経験して、自分が何もわかっていないということがわかりました。係長のおかげです」

マリコは係長と呼ばれるのが嫌で首を振ったが、山川は気にせず続けた。

「何となく、薄《う》っすらわかってきたんですよ！　何を求められていたかが。それをはっきりさせるために、もう少しみんなで議論したい。それでお客さんが戻ってきてくれるような気がする」

しかし何度連絡しても、営業本部長の須藤は業績が悪い店の言うことを聞こうとしない。だから今日は直談判で売上は伸ばす、ワークショップのための残業手当はいらないと主張する。だから南里マリコを派遣してくれ、月曜日の午前中の閉店を了解してくれ、そういう要請をしに来たというのだ。

「係長、やってくれますよね？　あのファシリティでしたっけ」

「ファシリテーターっ！」

マリコは少し驚いた。一度目のワークショップを提案したとき、山川は決して乗り気ではなかった。ワークショップ中も、少し距離を置いて冷ややかに見ているという感じだった。

「もちろん。かしこマリコですよ」

山川が須藤を説得できるのかどうかわからなかったが、山川を含めて店が3か月前にやったあのワークショップをもう一度やりたがっていることを知って嬉しかった。

――あのときは悔しい思いをした。そのリベンジのチャンスだ……。


その後山川からは何の連絡もなかったが、翌々日、須藤本部長から辛島人事部長に南里を借りたいという依頼が来た。

「もうすぐ人事査定や」須藤は辛島に言った。

「このタイミングで言ってくるというのは、山川の奴、点数稼ぎのためのスタンドプレーや。オレはそう睨んでる。査定はオレがやる。人事部にアピールしても仕方ないんやが、わかっとらん奴や。しかしまあ、絶対に売上は上げるからやらせろと強く言われると反対する理由がない」

須藤は、しぶしぶだが山川の要請を了承した。

熱意が通じたのだと嬉しくなったマリコは、すぐに山川に連絡した。二回目のワークショップは、1月最後の月曜日に決まった。結果を出すことが条件だ。以前はこれでビビっていた山川だが、ワークショップをやろうがやるまいが、売上は伸ばさないと予算に届かない。結果にコミットするのはいまさら、と開き直っていた。

ただし残業は認められない。残業しないことも条件だ。つまり前回のようにオフの社員まで含めて全員でやるわけにはいかないということだ。

プラス面に気づけば変われる

1月は忙しい。人事査定が始まる。そのためのデータ整備はマリコの役割だ。間違いの許されない神経を使う仕事だ。学期末が近づきビジネススクールの試験やレポートも増えている。それらをこなした上に、港北店でのワークショップの準備をしなければいけない。

去年から始まった残業ゼロキャンペーン。その旗振り役は人事部だ。その係長が残業するわけにはいかない。4歳の息子を抱え、自分も大学で学ぶ身としてはありがたく、しっかり定時退社を守った。

夕刻6時過ぎには近くの実家に立ち寄って息子をピックアップし、夕食をつくって食べさせる。その後、会社から持ち帰った仕事を片づける。会社は仕事を持ち帰らないように示達しているが、そこまでは守っていられない。そもそも持ち帰り禁止は、「働き方改革をやっています」という会社のアリバイづくりのようなものだ、と思っていた。とにかくキャンペーンのおかげで、以前より息子と過ごす時間をとりやすくなった。

冬の日暮れは早い。定時退社と言ってもすでに日は落ち、道は暗い。冷たい向かい風の中で重いカバンを持って歩くのは辛い。疲れは溜まっている。しかしそれがストレスになっているかというと、それほどでもない。やり甲斐を感じているからだろう。

以前の自分だったらこんなに頑張れなかった。もっとマイナス思考だった。ビジネススクールに入って、自分と同じような社会人がたくさんいることを知った。みんなものすごい量の仕事を抱えながら勉強している。同級生とチャットするだけで自分だけが大変なわけではないことがわかる。教授の大和田と会い、物事のプラス面に気づくようになってきたことも大きい。

以前は自分の性格も容姿も嫌で嫌で仕方がなかった。マリッジブルーも辛かったし、思いきって結婚し子供ができたと思ったら夫の浮気が発覚して、離婚。シングルマザーになってまた落ち込んだ。**何をやってもダメとマイナス面ばかりに囚われてしまっていた。しかしいまは、そこにもプラス面があることに気づけるようになった。そのおかげで以前のように感情に翻弄**

されなくなった。まだ許す気にはなれないが、別れた夫に対する気持ちにも変化が出てきている。そう変わりつつある自分を意識すると頬が緩む。自分はもっと変われる。そう言い聞かせて、マリコは眠い目をこすった。

二回目のワークショップ

その月曜日が来た。

店は、前回同様、牧野が開けてくれた。というかマリコが着いたときには店の前に立って待っていた。

「お久しぶり！　10月のときの付箋は残してありますか？」と声をかけたが牧野はそれには答えず、笑顔を向けると、黙って肩から掛けていたマリコのカバンの紐をつかむと店の奥に引っぱっていった。

すでに什器は動かされてワークショップのコーナーができていた。その一角に前回つくった「グランドルール」を書いた大きな付箋が貼られている。二〇〇枚ぐらいある色とりどりの付箋も貼り直されていた。

スクリーン代わりの模造紙もプロジェクターも用意されている。前回のようにパソコンをそれにつないだ。今回も店長の山川は数分遅刻してやって来た。エライ人はゆっくり後から来るという文化なのだ。

「みなさんお疲れ様です。今日も前回つくったグランドルールを守りながら、明るく元気にワークショップを進めたいと思いますので、よろしくお願いしま〜す」

マリコの挨拶が終わると、山川店長がリードして、全員でグランドルールを唱和した。その迫力に彼女はまた圧倒された。(この元気をうまく使いたい)そう思いながら簡単にリキャップ——復習を始めた。

「前回、『選ばれる理由』をみんなで二〇ほど出して、そこから半分ぐらいに絞りこみました。今日は、これを振り返りながら、さらに三つぐらいに絞りこんで、その上でどうお客様に見えるようにするか、感じてもらえるようにするか話しあいたいと思います。いいでしょうか?」

「それですが、実はもう我々だけでやりました」

副店長の三浦可奈子だ。彼女も前回はあまり積極的に参加しなかった一人だったが、今日は別人のように違った表情をしている。

「えっ、みなさんでやったんですか?」そんな話は聞いていなかった。

「昨日の夜です。日曜日に閉店後、全員でやったんです」

「閉店後って、夜9時までお店やってたんでしょ。それからですか?」

「マリコさんが来てからでは遅いって、みんな言いはじめて、夜の12時ぐらいまでかけてやりました」

想定外の展開に少し嬉しくなった。

「こうなりました」と言いながら三浦は、スクリーン代わりの大判の付箋をめくると、三つに箇条書きにされた「選ばれる理由」が出てきた。わざと隠してあったのだ。前回マリコがやったように、一行ずつ文字の色が変えられている。

私たちの店が選ばれる理由

①はじめての人にもやさしい専門店

②見て、触って、相談して選べる豊富な品揃え

③修理にも対応、信頼の技術力

マリコは一語ずつ、ゆっくり噛みしめながら読んでいった。読み終わるとすぐに全員の（どうですか?）という熱い視線が自分に集中していることに気づいた。

「いいですね」と答えると、全員の安堵のため息が聞こえるようだった。

「じゃ、この後は、見える化ですね。ここに書いてあることを見える化する方法を話しあって

いきましょう」

気づいたらオモシロくなって…

そう言ってから、はじめて全員がなんとなく疲れているのに気づいた。

土曜も日曜日も店は忙しい。その2日続きの忙しい日の閉店後に、夜中まで議論をして、今朝また早くから出てきているのだ。疲れていて当然だろう。

そう思って一人ひとりの顔を見直しているともう一つ気づくことがあった。今回のワークショップには、オフの人は参加しないはずなのに、前回と同じ一〇人全員が揃っている。残業手当は出ないはずなのに。

「遠藤さん、相川さん、それから高木さん、今日はオフじゃなかったっけ?」

「……」

「このワークショップ、出なくていいんですよ」

「出ては、いけませんか?」高木愛が少し不安げに訊いた。

「いけなくはないですが、会社としては仕事として認められないので、10月のときのように残業扱いされません」

「残業扱いじゃなければいいんですよね」相川隆志だ。

「どうして？　休みなのに」——モチベーション高い……！嬉しさが顔に出そうになったが、フラットなイントネーションで平静を装った。

「いままで店のことあまり考えたことがなくて……。それが10月のワークショップの後から、ずーっと『良い店』について考えるようになって……。そういうこと、いままでになかったんですよ。そうしたらいろいろ気づいて。気づくとちょっとオモシロくなって、だから……。家にいても仕方ないし、午前中だけだから」

今日も出たい。お金の問題じゃない、と言うのだ。

「私もその一人です」副店長の三浦が小さく手を挙げた。「私もオフなんですが、来てしまいました」

マリコが名前を挙げなかったことにちょっと不満がある、という笑顔をつくっていた。

「すみません、気づかなくて。ボランティアで出るということなら、会社としては止めたりはしません。参加してもらって構いません」

本当は「ぜひ」と言いたかったが、人事という立場が控えさせた。これはやらせているんじゃない、強制じゃない、完全に、完全に自発的なんだ……、とマリコは自分に説明していた。

嬉しくて少し目が潤んだ。

始める前に気持ちを共有する

「『一言チェックイン』っていうのをやりましょう」

マリコは、予定していなかったが、みんなの気持ちを聞きたくなって突然思いついた。

「……」

「このワークショップに参加する。つまりチェックインするにあたって、全員、いまの気分を一言でいいので、話してもらえませんか？」

「……」

「じゃ、牧野君から」すぐ右に座っている牧野を指した。

「えっ、何話せばいいんですか？」

「いまどんな気分でいるか？　です。『身体がだるいな』とか、『店を良くするぞ』とか何でも構わない」

「えっ、うー」仲のいいマリコに気を遣って牧野は一瞬言いよどんだ。「ほんとはちょっと疲れていて眠いですが、頑張ります」

「はい、ありがとです。その横の横川君は？」

「眠いっす」とつまらなそうにつぶやいた。唱和のときの元気はないが、顔は笑っている。

「前回って10月でしたっけ。係長に来ていただいてやった後、いろいろ考えるようになったのでぇ、今日もそうなったらいいなと思ってます」三人目の都築俊平だ。

「係長って言わないでください。南里マリコという名前がありますから」

「あぁ、はい。でも係長ですよね」

「ここには人事の係長として来ているんじゃなく、ファシリテーターとして来ているので、よろしくお願いします。それで10月のワークショップの後から、どんなことを考えるようになったのですか?」

「あのですね。それまで『選ばれる店』って考えたことなかったので…、やっぱ選ばれないといけないのかなって……でどうしようかって」

「オレも眠いけど、まぁ、もっと売れるようになって、報奨金とかもらえるといいかなと思ってます」

全員から一言ずつチェックイン、このワークショップを始めるときの気持ちを語ってもらった。(6:4ぐらいか)とマリコは思った。ポジティブ6、ネガティブというか眠たい系が4。ちょっと足りない。でも日本だとこれぐらいで十分かもしれない、と思った。

「ロサダライン」――職場の活性度の分岐点

「最近の研究では、ポジティブとネガティブの比率が3：1以上である職場が、モチベーションも高いし、業績もいいということがわかってきた」という話を心理学の授業で習ったばかりだった。その3：1という比率を見出した研究者の名前を取ってロサダラインとも呼ばれている。

2：1とかそれ以下だと職場に元気がない。会社に対する気持ちも弱いし業績も悪い。個人的にも問題が多く離婚率も高いのだという。アメリカの研究だ。

マリコが特に面白いと思ったのは、逆にこのポジティビティ比を意識的に上げるとモチベーションも業績も良くなるというところだった。嬉しいと人は笑う。逆に笑顔をつくると何も変わっていないのに嬉しくなる。人の心と身体はつながっていて、双方向に刺激しあう。だからこういう逆方向の反応があるらしい。

以前からファシリテーションの現場では、ポジティブな面を努めて拾う傾向がある。「素晴らしいですね」「良いアイデアです！」「ワクワクしてきました！」といった具合だ。マリコはそういうファシリテーションを、はじめは（大げさ）（ウソっぽい）と思っていた。しかしいまは、**そう思うのは理性だけの話で、心（感情）や身体は、それとは違う反応をする**ことが理解できるようになっていた。実際、自分も「その服、似合ってるね」「かわいいね」とか言われると、お世辞見えみえでも少し心が浮き浮きして、また言われたいと思ってしまう。

もちろん、すべてがポジティブである必要はない。そんな現実はない。ある程度ネガティブがなければ現実が見えていない証拠だ。「ポジティビティ比3：1以上」というのは、厳密な意味で数字が正しいかどうかは自分にはわからないが、たぶん1：1ではなく、ポジティブの方がある程度多くないと気持ちが落ちこむというのは、経験的にわかるような気がした。

暗くなると心のエネルギーが細って、鬱っぽくなる。脳の活動も低下する。逆にプラス面に気づくと心のエネルギーレベルが上がる。ポジティビティ比の理論にはある種の真理が含まれているような気がしていた。自分がこれだけ時間外にたくさん仕事をしているのに、前向きなのは、きっとその仕事の中にポジティブなものをたくさん感じているからに違いない。

人にはネガティブな面を強調して見る傾向がある。それは生きのびる上で重要な資質に違いない。災害の多い国に育った日本人は特にそうなのかもしれない。しかし、そのネガティブ・センサーだけを動かしていると憂鬱になって、やる気まで失ってしまう。バランスが重要なのだ。

モチベーションを大切にする人事としては注目しておかなくてはいけない。自分がまずポジティブに振る舞ってロールモデルになる必要がある。内気な控えめキャラ返上！　自分を変えたいと思ってビジネススクールで学びはじめたはずだ。

いったん外に出て視点を変える

「じゃあ、一つ目からいきましょう」

一言チェックインで全員のやる気を確認したマリコは、店が選ばれる理由をまとめた大判の付箋の横に立った。

「『選ばれる理由』の一つ目、〈はじめての人にもやさしい専門店〉という特徴をどうやってお客様に感じてもらいますか？　『見える化』する方法を具体的に考えていきたいと思います」

ブルーの付箋を配った。いきなり口頭で話しあうことをしないのは前回と同じだ。まず意見を付箋に書く。話しあうのは、それを共有してから。全員がこの方法に慣れてきていた。面倒でもいったん書いた方が話しやすく、短時間で意見の共有ができる。共有しながら考えを整理できるし、普段発言しない人の声も聞ける。そんなことをこれまでの経験から実感していた。

しかし、なかなかマーカーが動かない。――本当に眠いのかもしれない……。

「みなさん、一度外に出ましょう。さあさあ立ち上がって」

とマリコは少し身体を動かした方がいいと判断した。

「外に出てお客さんになった気分で店に入ってきてください。『はじめての人にもやさしい店』になっているか、そういう視点で見直してください」

そう言いながらグランドルールが書いてある大きな付箋の下に立った。上に手を挙げて「〈お客様目線〉でしたよね」とリマインドした。

どうなっていれば〈見て、触って、相談して選べる豊富な品揃え〉〈修理にも対応、信頼の技術力〉が感じられるか、それを「選ばれる理由」に高めるために何をしたらいいか、そういう問題意識を持ちながら、いったん外に出てお客さんになったつもりで店に入ってきてください、ともう一度大きな声で言うと「ハイ！」と手を叩いた。

ガタガタと椅子を動かして次々と席を立つ。

「建物の外にまで行ってね。それからお客さんになった気持ちで入ってきてね」

マリコはゾロゾロと店を出ていく背中にもう一度声をかけた。

全員が出ていって誰もいなくなった店内。残っているのはマリコだけだ。見慣れた店内のはずだが、こうして誰もいない店にポツリと立っていると不思議な感覚に囚われる。しかしその感覚を味わう時間は長くなかった。10分間ほどだろうか、戻ってきた店員の話し声が店の外で響きはじめた。

入口のところで立ち止まって見まわしたり、入店してもワークショップをしている一角に来る前に店内をブラブラして、上の方を見たり、死角になっているようなコーナーを覗きこんだりと、みんな思い思いの行動を取りながら戻ってきた。

「どう？　はじめての人にやさしい店になってますか？」

最初に戻ってきた嶌田尚平に声をかけた。

「いや、ダメっすね。全然ダメ」

と吐き捨てるように言ったのには驚いた。店の最古参だが平店員の一人だ。

「ビルの外には店名しかないし、その看板も小さくて汚れていて目立たない。この建物に入ってきても店が目に入ってこない。って言うかほかの店の間に埋もれている感じ。店内にもインパクトがない」

「お客様コーナーがあるじゃない」

不服そうな三浦可奈子の声が反応した。以前から自分勝手な嶌田に不満を感じていることをマリコは知っていた。

「形だけだって、思いませんか、副店長！」

「どこが？」

「どこがって、副店長でしょ。それぐらい気づいてくださいよ」

「他の人はどう思います？」マリコが割って入った。

「蔦田さんの肩を持つわけじゃないけど、お客様コーナーが『はじめての人にやさしい』っていうメッセージを発しているかって言われると、ちょっと……」

「だいたい、あそこでお客さんが相談しているのをあまり見ないですね」

横川康之と都築俊平が同意した。その言葉に頷いている頭が二つほどある。

「いま、うちのホームページを開いてるんですけど…」牧野がスマホから顔を上げずに声を発した。「一応ここには『初心者歓迎』と書いてあります」

「そんなのどこにでも書いてあるよ」

蔦田がつまらなそうに答えた。批判的で鋭い指摘をする。的を射ているのだが建設的ではない。他人には攻撃的だが自ら動こうとしない。そういう評価を周りから受けている。頭はいい。若いときに一度店長をしたこともある。しかし何かの理由で降格された。金藤喬俊という創業者は、言われたことを忠実に努める寡黙な人間を好んだ。こういう才気ばしった人間は嫌いだったのかもしれない。

「それじゃ、元に戻って！　さっき配ったブルーの付箋に『見える化』のアイデアを書いてください！」

マリコは、険悪化しそうな話の流れを大きな声で遮った。**感情的になる前に思いきって割り**

こむのがファシリテーションのコツだ。

〈お客様コーナーの模様替え〉〈笑顔〉〈お声がけ〉〈わかりやすいＰＯＰ〉〈ＨＰ変更〉〈店舗ブログでアピール〉〈レイアウト変更〉〈初心者向け品揃えを増やす〉〈アフターケア無料化〉〈入口を入りやすくする〉〈照明が暗い〉〈実演販売〉〈未経験者向け講座〉〈担当者の顔写真付きＰＯＰ〉……。

「いろいろ出てきましたね。ありがとうございます」

10分ほどで五〇件ほどのアイデアが壁に貼りだされた。しかし何か奇抜なアイデアが出てきたわけではない。

「ふん、前からある話ばっかりや」突然、須藤の声がマリコの耳に響いてきた。「ワークショップとか言って話ばかりしてないで、さっさとやったらどうや」

ワークショップの意味

「たぶん…、」とその須藤の声にマリコは心の中で反論した。「お客様コーナーをどう模様替えするのか。笑顔と言っても、どんな笑顔をどのタイミングで見せるのか。店員一人ひとりの細かな言葉遣い・動作、ホームページ（ＨＰ）に出すキャッチフレーズも内容だけではなく、ＨＰのどこに、どんな色遣いで配置するのか。そこまで神経を行き届かせないと店は魅力的にはなっていかない」

ＰＯＰに説得力を持たせるには、内容だけではなく、その大きさや書き方、手書きか印刷か、色遣い、フォントの種類、イラスト……。そういった細かいレベルで変わっていかないといけない。それが「見える化」ということだ。

そのためには、もう一段細かいワークが必要だ。しかし、それは日々の仕事のほとんどすべてじゃないか。この場だけでできるわけがない。しかしこのワークショップを通じて、みんながそのことに気づき、考えはじめている。

「それがこのワークショップの意味です」

マリコは、必死で須藤の声に反論した。

須藤の声は静かになった。

「次、どうします？」

牧野の声にマリコは我に返った。

「次は…、〈見て、触って、相談して選べる豊富な品揃え〉です。どうやってこれを『見える化』するか、アイデアをお願いします」

「付箋の色、変えますか？」

「同じ色でいきます。アイデアはすべてブルーの付箋に統一しましょう」

〈POP〉〈ホームページで説明〉〈試してみませんかと必ずお声がけする〉〈レンタルを始める〉〈SNS〉〈ブログでアピール〉〈体験コーナーを創る〉〈ARを使った体験コーナー〉〈3方向から見られる大きな鏡〉……。

すぐにアイデアが貼りだされたが、付箋の枚数は極端に減った。

「次は〈修理にも対応、信頼の技術力〉です。こちらの壁にお願いします」

先ほどの付箋と混同しないように右側の壁を指定した。

〈ホームページに打ちだす〉〈蔦田さんに訊いてみようコーナーをつくる〉〈看板に『Since 1969』と入れる〉〈こんな修理もしましたというブログ連載〉〈修理技術を動画で見せるＹｏｕＴｕｂｅ〉〈作業を見せるコーナーを設ける〉……。

「ありがとうございます。一通りアイデアは出ましたね。ちょっとわかりにくいところがあるので教えてください」マリコは貼られた付箋の横に立って質問を始めた。全員が誤解なくアイデアを共有するためだ。

「この〈SNS〉というのは、何をするのですか？」

「ホームページのブログだけじゃなくて、SNSに何か書くという意味です」

遠藤琢磨だった。これで全員が思ったことを口にした。ファシリテーターとして、マリコは何が話されたかより、誰がどんな気持ちでいるのかに注意を払ってきた。

「お客さんに書いてもらうのかと思った」

「それもいいよね」

「何を書いてもらうの？」

「何かプレゼントがもらえるとか、メリットがないと、お客さんって書いてくれないんじゃない？」

高田直樹、相川隆志、高木愛が遠藤の出した話題に乗ってきた。SNSの利用をめぐって店員の間で会話が続くのを、マリコは黙って聞いていた。聞きながら「創発」「共鳴」という言葉を思いだしていた。アイデアが出るプロセスで起こる現象だと習ったところだった。

――いまがそうかどうかわからないが、しばらく放置しておこう……。

しばらくして話が途絶えたところで、次の付箋に移る。

「この〈嶌田さんに訊いてみようコーナー〉って何ですか?」

「嶌田さんは何でも知っていて、デザインにも技術にも詳しいから、マイスターみたいにしたらどうかなって」牧野だった。

「オレ嫌だよ。忙しくなるじゃないか」

「嶌田さんが答えなくてもいいんですよ」

「そうそう。代わりに誰かが答えればいい。ホームページ上で返信するんだから誰が書いたかはわからない。それに、前に南里さんが言ってた『顔が見える』っていうのになるんじゃない?」

嶌田本人は嫌がっているが、まんざらでもなさそうに見える。

3Wアクションシート

「それじゃ、この一〇〇件ぐらいありますかね。書いてもらったアイデアを前回やったようにペイオフ・マトリックスに貼り直してもらいたいと思います」

そう言うとマリコは、前回「選ばれる理由」を三つに絞りこむときにやったように、模造紙大の付箋を壁に貼って、真ん中に大きな十文字を描いた。縦軸は効果の大きさ。上に行くほど大きい。横軸は実現可能性。左側が小、右側を大と記して、右上の象限《しょうげん》に、優先順位の高い「効果大・実行容易」が来るようにした。

今度は三つに絞りこむ必要はない。ただ一〇〇件もあると実行につながりにくいから、優先順位をつけたいと思ったのだが、結局、「効果大・実行容易」に選ばれたのは数件しかなかった。

その一つひとつについて実行の責任者を決めることにした。今度は付箋ではなく、パソコンで計算ソフトの表をスクリーンに映しだして、選ばれたアクションを書きだす用意をした。

「まず〈店のホームページを変える〉だな。三つの特徴をホームページ上で打ちだす必要がある」

自分の出番だと感じたのか、店長の山川がリーダーシップを取りはじめた。

「それは私がやります」横川康之が手を挙げた。この店で一番ブログを書いている。

「本社の宇川さんでしたっけ、ホームページ担当の人。これ終わったらすぐに彼女に電話します」

「一応、締め切りを決めとかないと進まないと思うので…、いつまでにしましょうか？」マリコは遠慮がちに訊いた。

「えっと、宇川さんと話してみないとわからないんで…」横川は締め切りを設定されることに躊躇した。

「一応セットしておきましょう。宇川さんの都合が悪ければ、そのとき変えればいいので」

「締め切りのないものは仕事じゃない」マリコが大学を出てはじめて就職したときの上司の口癖だった。いまつくろうとしている3W（What、Who、When）をまとめたアクションシートは、それを定型化したようなものだ。今回の大学のプレゼンに含めることになっている。（それがないと単位がもらえない）いや、それより営業本部長に成果として見せようと考えていた。はっきりとした成果がないとワークショップを続けさせてもらえない。

「じゃあ、えっと1週間後ということで」

横川の返事を捉えてすぐにWhenの欄に2月5日と書きこむ。少し押しが強くなった。以前はこんなことできなかった。そういう自分の変化を感じて嬉しかった。

「この〈嶌田さんに訊いてみようコーナー〉は誰がリードしてつくりますか？」

「僕がやります」と牧野が手を挙げた。

副店長の三浦は嶌田自身がやるべきだろうと主張したが、誰も取りあわなかった。嶌田に押しつけても口だけで手を動かさない。進まないことをみんな知っているのだ。

「じゃあ、牧野さんがリーダーでお願いします」とWhoのセルを埋めた。

図表3　3Wアクションシート

What（何を）	Who（誰が）	When（いつまでに）
店のホームページを変える	横川	2月5日
「嶌田さんに訊いてみよう」コーナーをつくる	牧野	2月12日
笑顔で接客	山川	1月30日

「いつまでにやりますか？」今度は単刀直入に訊いた。

「ホームページにコーナーをつくるので、2週間ぐらいください。宇川さんに相談してみます」

牧野の答えはピンポン球のように小気味よく返ってきた。

「三つ目は〈笑顔で接客〉ですが、これはどうしましょう？」

「オレがやります。店長の仕事です」と山川が手を挙げた。「締め切りは、明日！」

「明日？」とマリコが確認すると、朝礼で話をしてすぐ始めます、という回答だった。（もう少し深みがほしい）と思ったが、それ以上突っこみようがない。言われた通りシートに記入した。

こうして数件を**3Wアクションシート**にまとめて全員のメルアドにその場で送った。ccに営業本部長の須藤と上司の辛島を入れることを忘れなかった。社長の鯨岡には遠慮した。雲の上の人。必要なら辛島か須藤が伝えるだろう。誰をｃｃに入れておくといいかという機微が最近ようやくわかってきた。

プロセスの透明化でチームワークを育む

この３Ｗアクションシートをつくり、メールを書いて添付し発信するという一連の作業を、マリコはわざとスクリーンを通じて全員に見せた。みんなの時間をムダに使っているかもしれないと周りの眼を意識すると、焦ってミスタッチが多くなった。それでもあえて続けたのは**「お互いにやっていることを意識的に見せながら仕事を進めることでチームワークが良くなる」**と大学の授業で習ったからだ。

「透明化効果」と教授が話していた。店員のみんなにも、隠れてコソコソせずに、自分がやっていることを堂々と他人に見えるように進めてほしいと思った。

他人の眼を意識するだけで仕事の質は変わる。オープンにすることでお互いに相手の鏡になって共通の目標に向かってコーチしあい、話しあうこともできる。そういうオープンな雰囲気を醸成したかった。そういうプラクティス、実践をマリコは創りだしたいと思っていた。これは、そのささやかな一歩だ。

「黙っていてもわかる」「阿吽《あうん》の呼吸」というのは、長年、行動を共有してきた積み重ねから生まれるもので、日本人だからできるというのは迷信に過ぎない。チームワークは、そのための努力なしには生まれない。「日本人だからできる」というのはそういう努力をしないことの言い訳に過ぎない、と授業で学んだ。

――だから、本物のチームワークを生みだすためにこうやってワークショップをやっているのだ……、とマリコは思った。

ワークショップをやると時間が経つのが早い。ここまでに2時間半もかかった。しかし、この一つ目のテーマ（選ばれる理由を決めて見える化する）がすべてなのかもしれない。

――やっぱりここをもっと徹底してやった方がいい……。

それぐらいこのテーマは大きい、とマリコはやってみて改めて感じた。

やる気に満ちたアイデア

「ハイ！　いまの3Wアクションシートをみなさんのアドレスに送りました。営業本部長にもccがついています」

みんなが見ている前で送信ボタンをクリックするとマリコは、努めて明るい声を出した。

「開店まであと30分残っています。今朝のワークショップを終えて、いまどんな気持ちでいるのか、聞かせてもらえませんか。一言チェックアウトです」

「今日は、…」店長の山川が何か言いかけたのでマリコが手で制した。影響力のある人の発言は最後にしたい。

「フラフラです」と牧野が両手をだらんと垂らし、頭を前にガクンと落として笑いを誘った。

「私も、昨夜遅かったので疲れました」高木愛だった。

「みんなが何を考えているかがわかって、少し仲間意識を持てた」

この蔦田の感想は意外だったが、嬉しかった。

「以前、他の会社というか同じような店にいたのですが、そのときはこんな機会はありませんでした。ただ言われたことを右から左にこなすだけ」オフなのに出てきた相川隆志だ。「このワークショップでは、私みたいなペイペイにも店のことを考える時間を与えられて嬉しかったです」

「嬉しいだけ?」笑顔を絶やさずにマリコは少し突っこんでみた。

「えっ、いえ」と言いながら相川は背筋を伸ばした。両手の手のひらをズボンの横でこすると、「10月の一回目のとき、何も発言できませんでした。こんな当たり前のことを訊かれて答えられない。自分は何も考えてないなぁって、あのときつくづく思いました。いま考えると当たり前のことなのに、何でいままで考えてこなかったのかなって…。それ以来、いろいろな人気店を見に行ったりしてどうしたらいいか考えています。今回もあまり発言できなかったけど、この後、帰る途中とか、どこかで思いつくと思うんです。風呂に入っているときとか…。それを活かしていきたいと思います」

「**良いアイデアはワークショップの後で出てくることが多い**ですから大切にしてください。ほんと、そうですよね。お風呂入っているときとかに思いつきます。だから、アルキメデスの原理と言います」

「……?」

マリコは冗談を言ったつもりだがスベった。誰も笑ってくれない。

「ところで相川さんは、今日オフですよね。休みなのに出てきて、よかったですか?」

「ハイ」と勢いのいい笑顔が返ってきた。

「遠藤さん、高木さんも?」

「僕も、前回のワークショップをやってから考えるようになって、ショッピングに行ってもいろいろお店を観察したり、『ここになぜこれが置いてあるんですか?』とかレイアウトを店員さんに訊いたりするようになりました。結構ヘンな客だと思われてます」

珍しく遠藤が笑いを誘った。

「それで、」なごやかな雰囲気を壊さないように声のトーンに気をつけながら質問した。「どうなりそうですか？」

「それで……、ですか？」言葉に詰まって少し上を向いた。「それで、少しお声がけとか工夫しているので良くなると思います」

「ぜひお願いします。きっと良くなりますから」マリコは背中を押した。

「一言、スッキリしてます」

高田直樹のコメントを聞きながら、――アレっ？　という顔をつくって気を引こうとしている三浦可奈子にマリコは気づいた。

「また忘れてました。ごめんなさい。三浦さんも今日はボランティア参加でした」

「ひょっとして、マリコさんは『こんなアイデアしかないのか』って思ってらっしゃるかもしれないって思ってます」

「……」マリコは、黙ってわずかに頸《くび》を左右に振ったが、図星だった。

「いえ、正直に言って私も目新しいものはないなって思うんです」三浦は続けた。「でも、昨日の晩から話をしていて思うんですけど、やってみようという気持ちが、いっぱい詰まってるんですよ。期待しておいてください」

チェックインのときと違って、ほぼ全員から前向きのコメントが出てきた。

「じゃ店長！　お願いします」

店長としてどうしていくの？　という気持ちを込めた。

「みんなお疲れ様。いまみんなが言った通り、オレもやってよかったと思ってる。みんなやる気になってるし、前回からも考えたことを少しずつ実行に移してもらってて、これから良くなると思う。少しずつ。少しずつ焦らずやっていこう！」

「ありがとうございます」

ちょうど時間になった。

「次回は3週間先、2月19日の月曜日です。それまでにさっきの宿題、アクションはすべて終わっていることになっていますが、それだけじゃなく、いま話されたように気づいたことをドンドン実行していってください。店が良くなるとお客さんが喜んでくれます。嬉しいですよね、お客さんの笑顔。すると売上が上がります。そうするとボーナスが増えます」

私が出すわけじゃないけど、とマリコは小さく舌を出した。すると目の前に座っていた都築俊平がすっと立ち上がった。（背、高！）と圧倒されそうになった次の瞬間、都築が両手をゆっくり胸の前に上げてパチパチと叩きはじめ、それを合図に全員が手を叩きながら立ち上がった。

えっ、どうしたの、と当惑顔のマリコに「何か、嬉しいというか、南里さんに感謝したくなって」と都築は見おろした。自然にこうなったと都築が言うと全員が頷いた。

思わず涙が溢れてきた。こらえようとしたが間にあわなかった。はじめてのファシリテーション。ビジネススクールの授業の課題で、これならやれると思って始めてみたが甘かった。新しいアイデアは何も出てこなくて、一回目が終わったあとはずいぶんと落ちこんだ。

今回もいままでにないアイデアが出てきたわけではない。さっきメールで送った3Wアクションシートを須藤本部長たちはどう評価するだろうか。三浦可奈子が指摘したように、ひょっとすると3時間かけてこれだけ？　と思われるのかもしれない。多分そうだろう。しかしそういう不安は、この拍手でどこかに行ってしまった。**新しいアイデアではないが、やる気には満ちている。**そうマリコは確信した。

気づきボード

「マリコさん、これ見てください」

帰ろうとしていると牧野が嬉しそうにマリコを引っぱってスタッフの休憩エリアに連れて行った。ここには入ったことがなかった。

「このボード、何かわかりますか?」

雑然としたというか、店内とは別世界。はっきり言って汚い部屋。底の抜けたソファーが一つあり、周りにコンビニの袋が散らかっている。そのソファーに座るとちょうど目の前に見える位置に模造紙大の付箋が一枚貼られていた。

「このボードに気づいたことを付箋に書いて貼っておくことにしたんです。マリコさんにもらった強粘着の付箋を使ったら、ずーっと落ちなくて助かってます」

そこにはピンクの付箋が六枚、緑が十数枚、黄色も五枚ほど貼られている。

「ピンクはクレームです。緑は改善点、たくさんあるでしょう。黄色はその他で連絡事項とかです」

以前は、大学ノートがあって同じことをそこに書くことになっていた。しかし、連絡ノートは開かないと読めないからか、見ないことによる連絡ミスが多かったらしい。

「こうやって壁に貼っておくと目につくので、見忘れることがない。便利です。目につくので自然と考えるし、また書かなきゃとか思う。みんなここで弁当食べるので、見ながら話したりするんですよ」

「牧野君の発案?」

「っていうか」牧野は照れた。「みんなで話しているうちにそうなったって感じです。マリコさんのおかげです」

「そっか。いいね。またときどき、餌付けしに来るね」

マリコは心の中でガッツポーズをしながら、店を出て駅に向かった。

巨大な重い「はずみ車」を回しはじめる

〈選ばれるために何をするか〉という問題意識を、いま全員が同じレベルで共有しつつある。その結果、〈選ばれている人気店は何をしているのか〉というアンテナが、全員の心の中に立ち、1日24時間休みなく動きはじめている。昨夜みんなが残って今日のワークショップの準備をしてきたことがその証拠だ、とマリコは思った。

たぶん、このチームのいまの課題は、このアンテナが今後もずっと働きつづけるようにすることに違いない。持続し、アクションのくり返しにつないでいかなければいけない。何かこれをやったら選ばれる店になるという「魔法の杖」なんかない。

当たり前のこと、地味なこと、それをくり返しながらPDCAを回す。継続。その中でオペレーション力が磨かれていく。それしか方法はない。しかし、はじめは大きなはずみ車のように重く、がっかりするほどゆっくりとしか動かない。

マリコは、スマホのメモを開き、書きとめてあったジェームズ・C・コリンズの『ビジョナリーカンパニー2　飛躍の法則』の長い一節を読み返した。

「偉大な企業への飛躍は、結果を見ればどれほど劇的なものであっても、一挙に達成されることはない。たったひとつの決定的な行動もなければ、壮大な計画もなければ、起死回生の技術革新もなければ、一回限りの幸運もなければ、奇跡の瞬間もない。逆に、巨大で重いはずみ車を一つの方向に回しつづけるのに似ている。ひたすら回しつづけていると、少しずつ勢いがついていき、やがて考えられないほど回転が速くなる」

そのはずみ車を回しはじめているのだ、と思うと少し胸が熱くなった。

Story 5

社長解任動議

四面楚歌

港北店から帰ってすぐ、上司の辛島仁慈にワークショップの報告をした。辛島は黙って報告を聞いていたが、それについてのコメントはなく、いきなり「2月7日の役員会用に1ページ資料を用意しておいてくれないか?」と言われた。

7日ということは来週の水曜日だ。そんなエライ人たちの会議の資料などつくったこともない。それどころか見たこともない。(どうしたらいいの…?)と思ったが、口に出せる雰囲気ではなかった。辛島の顔からいつものアルカイック・スマイルが消え、口元が力強く結ばれ、瞳に厳しさがともっていた。

明後日の水曜日に行われるはずだった役員会が、どういうわけか急きょ延期されたことは知っていた。参加者も少し変わるらしい。細かいことはわからないが、何かが起こっているらしい。そういう気配は感じていた。

鯨岡が社長になってから1年半、この会社の業績は右肩下がりを続けている。相変わらず「外野席」に陣取っている金藤文也は、役員会のたびに根拠のはっきりしない鯨岡批判をくり返し、答えようのない意地の悪い質問をとばしては鯨岡を苦笑させてきた。

今回の役員会のメインテーマは、前四半期(10－12月)の業績報告と今期の見通し、さらに来年度の予算のはずだ。業績は予算からはほど遠く、もはや誰も予算比を口にしない。悪かった昨年同期と比べてどうかということに関心が移っているが、それも救いようがないほどに悪化している。この1−3月期も改善する兆しはない。

もう1年も前のことだが、去年の4月の役員会で、ファンドから派遣された役員の茂木智子が20パーセントの要員削減を提案していた。たしかに需要減が続く以上、利益を確保するためにほかに効果的な方法はない。光熱費や出張費・会議費といった経費は小さい。それらをたとえ半分に削ったとしても利益への貢献はほとんどない。針は動かないのだ。

そのときに出た20パーセントトレイオフ案が創業者の金藤喬俊の反発を招き、次男で役員の文也がネチネチと批判をくり返してきた。ファンドからの圧力と創業家の反発。この板挟みの中で、社長の鯨岡は苦肉の策を講じてきた。

レイオフはしないが採用もしない。中途採用の中止がそれだ。この会社は毎年8パーセント程度の社員が辞めていく。小売りとしては平均的な離職率だろう。その補充採用をこの10か月間凍結してきた。その結果、社員数の自然減で人件費は年率換算で5パーセント程度下がっている。

店からはひっきりなしに補充要請が来る。文也は、その店舗の声を拾って売り逃しが起こっていると批判する。実際に売り逃しているかどうかはわからないが、放置すればモチベーションに影響することは間違いない。

この役員会には、金藤喬俊がフーコック島の別荘から出てきて出席するという噂も聞いた。経営に不満を持つ創業家が鯨岡を代表から降ろし、代わりに文也を社長にしようとしているというもっともらしい噂がマリコの耳にまで聞こえてきた。

「南里さん、そうなんですか？」と店舗にいるスタッフから訊かれることもある。会社の仕組みをよく知らない社員は、人事部なら知っているだろうと思っているのかもしれないが、いち係長がそんなことを知っているはずもない。それよりマリコは、そこまで噂が拡がっていることに驚いた。噂の発信源はどこなのだ？

3か月ほど前に銀行の姿勢が急に変わって、追加融資が得られなくなったという話もあった。それだけではなく、すでに借り入れているお金のくり上げ返済まで求められているらしい。社長や専務の杉山が頻繁に銀行詣でをしているのを見かける。詳しいことはわからないが、彼らの顔色が良くないことはわかる。四面楚歌、という言葉をマリコは思いだしていた。

社長解任動議

2月7日水曜日午前9時。はじめて出る役員会。オブザーバー席にいる人事部長の辛島仁慈のさらに後ろに、折りたたみ椅子を開いてひっそりと座った。

同じくオブザーバーということで、銀行から只野昇一という部長とその部下の吉崎了という課長が来ていた。もちろん彼らは折りたたみ椅子ではない。創業家からも常任の役員以外に二人来ていた。文也の妻の美奈と従兄の武夫だ。同じくオブザーバーということらしい。

相談役の金藤喬俊の姿は見えなかった。噂では先週帰国し、銀行やファンド、社外役員の高松隼人らと面談したらしいが、体調を崩したとかで金曜日にはベトナムに戻ったのだという。

鯨岡が開会のあいさつをし、経理部長で専務の杉山が第3四半期の業績結果と第4四半期の見通しを淡々と説明した。業績はさらに悪くなるという見通しだ。それに対して文也と社外役員から厳しい質問がとんだ。執行を担当する経営陣はいろいろな分析結果を示し、鯨岡は自ら立ち上がって丁寧に説明したが、業績が良くなるという説明ではもちろんない。なぜ悪いのか、という説明に誰も満足するはずはない。質疑は2時間ほど続いたが、オブザーバー席にいた只野昇一の提案でいったん休憩となった。

15分後。再開されるとすぐに社外役員の一人、高松隼人から動議が出された。

「代表取締役をされている鯨岡さんには、いったん代表を降りて頂いてはいかがかと思います」

「どういう意味です?」突然の発言に鯨岡は気色ばんだ。

「社長交代の動議ですよ」高松は口を曲げた。眼には不敵な笑みが浮かんでいる。「鯨岡さんが社長になられてから業績が下がりつづけています。みなさんご存知の通り、金藤喬俊相談役が社長をされていたときには考えられない状況です。今日も特段の改革案はなかった。社員の士気も下がっています。このままではまずいでしょう」

（士気が下がっている？　そんな事実はない）と鯨岡は言おうとしたが、高松は左手でそれを制して続けた。

「去年は夏も冬もボーナスは下がった。この状況では今年のボーナスはさらに下がる。そうみんな感じてますよ。違いますか？　それでも士気は落ちていないと言われるのであれば、それは現状認識が甘すぎるというものです」高松は一拍間をとって睥睨《へいげい》し「小売りの生命線は人です」とどこの業界でも言えるような一般論をもっともらしく垂れた。

「オブザーバーですので発言を控えるべきところですが」と只野が突然手を挙げ、立ち上がった。「まったく御もっとも。銀行としても、この動議には賛成です」

そう発言するとすぐに座って沈黙した。

――クソっ……。鯨岡は心の中で罵った。「当行はメインバンクですから、お任せください。御社の成長戦略をしっかり支援させて頂きます」と言っていたのはつい4か月ほど前だ。しかしそのあと急に態度を変え、口を拭ったまま悪びれる様子もない。

Story 5
社長解任動議

「鯨岡社長、そろそろ採決をして頂けませんか」

役員全員から意見を聞いた後、高松がうながした。

高松は自信満々だったが、結局動議は3対2で否決され、鯨岡の首は危ういところでつながった。

「専務の杉山が寝返った」とトイレで文也が罵《ののし》っているのを聞いたという噂が聞こえてきた。マリコに真偽はわからないが、帰国した喬俊と文也が銀行を引き入れ、鯨岡以外の役員に根回しをしていたのだという。コンサルタントの高松隼人は、創業経営者としてここまで成功をおさめた実業家、金藤喬俊に畏敬の念を持っているし、銀行もそういう喬俊の話には耳を貸す。ファンドを代表する役員の茂木智子は首を縦に振らなかった。専務の杉山義男は、彼を雇った金藤喬俊への義理もあり反対はないと思っていた。が、裏切られたというのである。

マリコは港北店でのワークショップの報告をする予定だった。社員のモチベーションに話が及ぶかもしれないと辛島が想定して準備させたのだが、そんな一店舗のミクロな活動を持ちだせる雰囲気ではなかった。「参考までに」と持ちだしても一笑に付されるだけだったろう。

解決策は店の中にある

社長も専務もこのお家騒動とでも言えそうな状況の中で、銀行からも協力を渋られ、資金繰りで頭がいっぱいになっている。資金繰りに失敗すれば、会社は黒字でも倒産する。

それはたしかに喫緊の課題だが、問題の本質は、そこではなく客離れを止められない店の中にあるような気がしていた。と言っても、とてもそこまで視線を拡げる余裕はいまの幹部にはないかもしれない、とマリコは思った。

「自分はその問題に気づいている」

ビジネススクールの課題として始めたワークショップだったが、やってみると自分がその問題解決をリードできるかもしれないと体温が上昇するのを感じていた。

——現場にいれば何か見つけられるかもしれない……。そう思うと、ない時間を絞りだしてでも店に行こうという気になる。

二回目のワークショップからまだ1週間ほどだが、この日も何気ない顔を港北店に出してみた。

「今日もお客さん少ないですね」

「最近、こんなもんですよ」

とレジにいた横川が答えた。ワークショップ以来、信頼感が増したらしく話しやすくなっている。

「進んでる？」とアクションの進捗に振ってみた。

「すみません。忙しくて…」そう言いながら、自分の言葉が矛盾していることに気づいたらしく、「お客さん少ないのに、言い訳になりませんよね」と肩をすくめた。

「牧野の方は、進んでるみたいですよ。今日は非番ですけど」

「〈蔦田さんに訊いてみよう〉プロジェクトね。蔦田さんは？」

「奥にいますよ」と言われて、奥の方を見た。自然と足がそちらに向かった。

奥の作業場で若手の都築と雑談をしながらアクセサリーの修理をしている蔦田がいた。

「こんにちは」マリコが声をかけた。「近くまで来たので、ウサギ屋の大福買ってきました」

蔦田の好物を知っている。

少し雑談をしていると外出していた店長の山川が帰ってきた。

「南里さん、先日はどうも」と言いながら、大福に気づいて黙って摘まんだ。

「お客さん少ないですね」

「最近はこんなもんですよ」と横川と同じコメントが返ってきた。

「〈笑顔〉プロジェクト、うまくいってますか？」

「あーぁ、あれね。やってますよ。お客さんから何か変わったねと言われました」

——嘘っぽいなぁ……、とマリコは直観した。たぶん朝礼か何かで「もっと笑顔で接客しろ」と訓示してお仕舞なのだろう。

「そうですか。お客さんが気づくぐらいならいいですね。でもすぐには効果ないと思うので、続けてくださいね」そう念を押して店を出た。——これではずみ車は、本当に動きはじめているのだろうか……。頭をもたげてくる不安を振りきるように、マリコは足早に駅に向かった。

鯨岡雅夫の秘策

2月7日の役員会での代表取締役解任動議は、否決されたとはいえ鯨岡にとっては大きなショックだった。会社を立て直すために奮闘しているが、その前に自分がクビになるかもしれない。それは以前から想定してはいたが、実弾が顔の横をかすめていったような鋭い風圧を感じずにはいられなかった。時間は迫っている。

20パーセントのレイオフを提案してきたファンドには、すでに8パーセントトレイオフしたと報告した。事実とは反するが、まんざら嘘とは言えない。中途採用を止めて自然減でそれだけ減ってきたのだ。現場からは人手不足で悲鳴が上がっているが、優秀な人材が辞めているわけではない。（悲鳴はいつものことだ）気にはなるが、無視しようと努めた。優秀な人材さえ確保していればいつでも復活できる。

人を減らしコストダウンをぎりぎりまで進める。しかし、いまのままではじり貧になる。それよりもV字回復の秘策を鯨岡は練っていた。業界全体が落ち込んでいるいまこそ、不連続なシェア拡大のチャンスだ。競合するほかの企業には体力がない。実際に閉店に追いこまれた店、撤退する企業の噂をよく耳にする。自分たちも苦しいが、競合はもっと苦しんでいる。いまこそ資本力に物を言わせる好機だ。提携・買収を進めれば圧倒的なシェアを取れる。

鯨岡はそう読んで密かに買収対象の検討を進めていた。3社、有力な企業が浮かび上がった。このうち2社の買収に成功すれば業界ナンバーワンになれる。それも圧倒的な規模になる。実現すれば購買力が高まり、仕入コストをいまより下げることができるだろう。

IT投資の効果も大きいし、買収後はレイオフの絶好のタイミングでもある。重複した組織や人員を整理して大幅なコストダウンが図れる。それでまず短期的な利益を確保する。そのあと市況が戻れば一気に業績は回復する。

銀行が追加融資を断ってきたいま、買収資金はファンドに頼るしかない。そういう絵を描いて茂木智子に相談した。茂木は丁寧に話を聴いたが、イエスともノーとも言わず、ただ「面白いですね」と感情のこもらないコメントをしていったん持ち帰った。投資委員会に諮るという。

鯨岡は期待して待っていたが、結局ファンドは聞き入れなかった。

銀行の離反でキャッシュフローが厳しくなっている。創業家も鯨岡の経営に反発している。なぜ銀行も創業家も非協力的なのか、その本当の理由はファンドの投資委員会のメンバーにはわからない。ただ事実として、悪化してきた数字と、銀行と創業家からの強い鯨岡批判がある。投資委員会はその「事実」に着目し、懸念した。いろいろもっともらしい説明はあるが、ひょっとすると鯨岡はダメなのではないか。組織を掌握できていないのではないか。そういう疑義が出され、鯨岡の買収提案は、たしかに面白いが、それを隠すための工作ではないかと疑われたのだ。

誰かがはっきりそう明言したわけではなかったが、結局、提案された戦略の是非とは違うところで判断され、追加投資は見送られてしまった。まず当面の需要減に対応して人員整理によるコストカット。自力でキャッシュフローを回復する。それができたら買収資金の提供を考えるという結論だ。


——何が社外役員だ……。


「どうしたの?」

鯨岡は何も口にした覚えはなかったが、カウンター越しに平瀬真由美が聞きとがめた。

「……？」

「いま誰かを罵ってたわよ」

銀座、と言っても新橋に近い。鯨岡が月に一度ほど顔を出す小さなバーだ。せいいっぱい詰めこんでも一〇人も入らないのではないかと思われるこの小さな店で、よく続けられると思うが、ママの真由美とは20年来の顔なじみだ。

「ねぇ、どうしたの？」ともう一度訊いた。ほかに客はいない。

鯨岡は事情を説明した。

「ということだ。オレに言わせれば、これはシェアを伸ばす絶好のチャンスなのに、それがわからないやつらが社外役員だのメインバンクだの株主だのと大きな顔をしている」

真由美は静かに話を聞きながら、無言のままグラスを取り替えた。

「しかし……、それが現実というものだろう」そのグラスから声が響いてきた。「彼らにそういう期待を持っているところにお前さんの甘さがある、違うかね？」

「甘いって？」真由美が聞き直した。何も話していないのにママにはなぜか聞こえるらしい。それとも少し悪酔いしたのだろうか。

「いや…」――自分にある甘さ……、残念ながらそれは認めざるを得ない。

「今夜、つきあわないか？」とダメもとで誘ってみたが案の定、軽くいなされてしまった。つ

Story 5
社長解任動議

いてないときは何をやってもうまくいかないものだ。

「帰る！」と一声かけると、真由美はロッカーに入れてあったコートを出して鯨岡に着せかけ通りにまで出て見送ってくれた。外に出ると、周りの灯はすでに落ちて、店に入ったときとは様変わりした街になっていた。ごみを巻き上げながら吹く風がコートを素通りして身体を一気に冷やす。鯨岡は、襟を立てて歩きはじめた。雪がちらつきはじめていた。

Story 6

ソフトスキルを身につけよ

コンサルティング接客

2月19日月曜日。前回のワークショップから3週間が経っていた。

店のホームページの一番上には「当店のこだわり」という新しいバナーができていて、1月のワークショップで決めた三つの特徴「選ばれる理由」が写真入りでアップロードされていた。マリコが営業本部長の須藤にくり返し催促して、ホームページを担当している宇川を動かしてようやく実現した。想像以上に目立つコーナーになっているのは、担当した横川が頑張ったのだと思うと少し嬉しくなった。

牧野がリードして進めた〈嶌田さんに訊いてみよう〉というコーナーも、この10日ほど前に立ち上がっていた。嶌田の顔写真がやけに若々しいのは10年以上も前の写真だからだ。これでは本人と会ってもわからない、とマリコは笑った。すでに一三件の質問が来て、すべて回答されている。このお客さんからの質問と回答の蓄積が、店をユニークにする財産になっていくはずだ。

店のレイアウトも少し変わっていた。お客様コーナーの看板は大きくなったが、まだわかりやすくなったとは言えないレベルだ。ＰＯＰの色遣いが少し華やかになり、花柄がついていたりする。書かれている内容が変わったのかどうかまではマリコにはわからなかったが、前と少し変わった印象はある。ＰＯＰの位置や高さには、お客さんの目線が意識されていると感じられた。

「店、ずいぶん変わりましたね。ホームページも変わったし。〈蔦田さんに訊いてみよう〉もできました。すごい進歩です」

久しぶりに店に来たマリコは、ワークショップを始める前に、みんなの努力を見落とさないように注意深く観察し、一つひとつ具体的に取り上げて話題にした。

このワークショップの3日前。

「懲りずに、またやるらしいな？　今度は何や？」と廊下ですれ違った営業本部長の須藤から嫌な顔をされた。

「コンサルティング接客です」と答えると「接客経験のないお前がどうやって接客指導をやるんや？」と眉を上げられてしまった。

マリコが通っているビジネススクールには、小売りの経営者として長年経験のある高柳正という教授がいる。今回のワークショップは彼のアドバイスを受け、その通りにやってみるつもりだったが、マリコはそのことは話さず、「そうなんです〜ぅ。どうしたらいいでしょう？」と愛嬌のあるたれ目をさらに下げて困った様子を見せると、須藤は「ふんっ」と呆れ顔で立ち去って行った。

「それでは、始めましょう」

店を見てまわったあと、マリコはいつもと違って長めの話を始めた。

「以前にも話しましたが、専門店は右肩上がりです！　その秘密は専門性。それ以外にはありません。消費者はどこにでもあるものはネットで買います。しかしいいものを選ぶのに知識や経験が必要な場合は、しっかりアドバイスしてくれる良いお店を選ぶ。それが専門店の魅力です。だから百貨店やディスカウントショップが軒並み売上を下げているのに専門店は右肩上がりなのです。

その専門性を支えているのが、みなさんです。これまで選ばれる店になるための特徴について話しあってきましたが、その中心にあるのは、みなさんの専門性です。といっても専門バカではダメ。専門店と言ってもお店ですから。良い接客は欠かせません。最近は、ホテルやエアラインなどいろいろな接客業の接客レベルが上がっていますから、接客に対するお客さんの期待値は上がっています」高柳からの請け売りだった。

「オモテナシですね」と誰かの声がした。このワークショップも三回目になり、**場の安心感**が浸透してきたようだ。反応が良くなり、以前に比べてみんなゲームでもしに来たように楽しそうにしている。

「そう、オモテナシ。それで今日は接客、それも専門店に求められるコンサルティング接客について考えたいと思います」

「???」

「そう、聞きなれない言葉ですよね」

――コンサルティング接客、という耳慣れない言葉に「?」が何人かの顔に浮かんだのをマリコは見逃さなかった。

「普通のお店の接客のことを一般接客と言います。普通のお店ってどんなところかわかりますよね?」

「コンビニ」「ラーメン屋」「スーパー」……。

「そうですね。そういう一般のお店の接客と専門店の接客はどこか違うと思いませんか?」

「プロっていう感じがする」

「そんな店でショッピングしてるのか、オマエ?」冷やかす声が上がった。

「フランス系のブランドショップ」都築はそのヤジを抑えこむように声を大きくした。

「何が、都築さんに『プロ』って思わせたのでしょう?」

「店員さんの姿勢が良くて、話し方が上品で。着ているものもかっこよくて…」

図表4　一般接客とコンサルティング接客

	一般接客	コンサルティング接客
心構え	店の商品を購入して頂く	お客様の商品選択を専門家の視点でサポートし、満足度の高い購買体験をして頂く
アプローチ		
自己紹介		
ニーズの聴き取り		
アドバイス		

「そうですね……。もっと他にはありませんか？」

「『こちらの方が合うかもしれません…』と言って薦めてくれるものが、自分では絶対選ばないようなものなんですよ。でも試着してみるとかっこよくて驚きます」

違う方向から返事が返ってきた。高木愛だ。まだ若くて収入も多くないはずだが、そういう店によく行っているようだ。そう言えば着ているもののセンスが良くておしゃれ感が漂っている。

「良い意味で期待を裏切るアドバイスがある。しかもそれが的を射ているところに驚きがあり、プロだな〜って感じさせたということですね。そういうアドバイスをされると、また行きたくなりますよね」

「知らなかった自分に気づかせてくれるっていうか…、そういう感じがたまらないです。ホントにまた行こうっていう気になります」

その語気に高木愛の気に入りようが溢れていた。

マリコは、参加者のショッピング体験からコンサルティング接客なるもののイメージを引きだそうと、さらに雑談を続けた。

「普通の店の接客は『店の商品を購入して頂く』接客です。それに対して専門店の接客は、『お客様の商品選択を専門家の視点でサポートし、満足度の高い購買体験をして頂く』接客と言えるかもしれません」

そう言いながら、マリコは高柳教授の話を整理した比較表を、スクリーンに映しだした。

——ふ〜ん……、(よくわからない)という雰囲気が広がった。

「高木さんの場合は、サポートされて思ってもみなかったものが似合う自分を発見した。そういう『期待を超える喜び体験』をしたことになりますね」

お声がけをためらう店員たち

「ではこの二つの接客では、何が違うのか詳しくみなさんと考えてみたいと思います。まず入店されたお客様に対するアプローチ、お声がけですね」

スクリーン上にある「アプローチ」を指さしながら、「店で見ていると、みなさん、あまり入店されたお客さんにお声がけしませんよね」

「……」

「……」

しばらく沈黙が続いたが、マリコは一人ひとりと目を合わせながら辛抱強く反応を待った。

「自分は客としてはあまり声がけされたくない方なので……」と五人目に目の合った遠藤琢磨が恐る恐る口を開いた。だから自分もしないようにしているのだという。

「店長からはいつも、『お声がけしろ』って言われるんですが……、どうも……」

「オレも同じです」

その横にいた相川隆志も同意した。

「商品を見たいだけなのに、声をかけられると買わないといけないプレッシャーを感じて居づらくなりますから……」

「知らない他人に声をかけるって、…」マリコは一呼吸置いた。「心理的に抵抗ありますよね」

何人かが強く頷いているのが見えた。

「つまりお客さんも、みなさんがパソコンを睨んでいたり、棚の整理で忙しく立ち働いていると声をかけにくい、そうは思いませんか？」

強く頷いていた顔が、急に無表情になった。

「お客さんにプレッシャーを与えたくないという気持ち、よくわかります。しかし、一方で『話しかけてくれたら店員に訊きたいことがあるのに…』と声がけを待っているお客さんもいると思いませんか？」

「……」

同意がない。小売り経験のないマリコの中に弱気が頭をもたげてきた。

「みなさんにはそういう体験ありませんか？」もう一度訊く声が弱々しくかすれ気味になった。

「お客さんの方にも知らない人に話しかける心理的なハードルがあると思う。そのハードルを下げて心地良く、気軽に話しかけられるようにするのって、オモテナシの第一歩じゃないでしょうか？」

無表情の顔の中で高木愛が小さく頷いてくれたのが、折れそうになっていたマリコの心を支えた。

「それじゃ、このピンクの付箋に、お客さんの迷惑にならないお声がけのセリフを書いて、いつものように壁に貼ってください」

付箋を配っても何か考えている様子でなかなか手が動かなかったが、2、3分もかからずに一〇枚ほどの付箋が壁に貼られた。それをいつものように同じものは縦に、違うものは横に貼り直してもらう。同じセリフが多い。

〈何かお探しでしたら遠慮なくお声がけください〉〈このモデル、先日入荷したところです〉〈コンフォート系をお探しですか?〉〈お手に取って頂いて結構ですよ〉〈新しいモデルが入荷しました〉〈いまキャンペーン中です〉……。


「こんなところですか?」

マリコは少し落ち着きを取り戻し、壁の前に立って全員に確認した。

「実際にどんな感じでお声がけするのか、やってみてもらえますか」と言うと、一番左に貼ってある付箋の横に立った。その付箋の上に人差し指を乗せると高田直樹が、自分のです、と立ち上がった。

少し照れながら、「コンフォート系をお探しですか?」とお客様に声がけするように読み上げた。

「ということは、お客さんがコンフォート系の商品に関心を持って見ているタイミングで、ということですね?」

「先日南里係長に教えてもらったｉモードでやる方法もあるよね」

店長の山川が割りこむと、「Ｉメッセージですね」とマリコが素早く修正した。Ｉ、つまり自分を主語にして話す方が、Ｙｏｕを主語にして話すより受け入れられやすくなるという話をしたのを山川が思いだしたようだが、静かになっている場に活気を与えたかったのかもしれない。「って、どうするのですか?」とマリコが続けると、

「そうか、ｉモードはガラケーだ」と山川は肩をすぼめてひょいと舌を出して頭をかいた。大きな体で無神経な印象を与える山川だが、意外とかわいいところがあるとマリコは思った。

「たとえば、『このモデル、いいですよね』みたいな感じです。自分の共感を伝えて反応を見る、みたいな…」

「それで、お客さんがノッてくれればいいですけど、無視されたらどうしたらいいですか?」

お声がけを嫌がっている遠藤琢磨だ。高校生のときに引きこもりだったと、先日話してくれたことを思いだした。こういう不安が頭から離れないのだろう。

「オマエ、それぐらいでビビってどうする?」

山川が叱責した。

「ビビっているわけじゃなくてェ、どうしたらいいかっていう質問ですよォ」

「こうしたらうまくいったという人、いませんか?」マリコが素早くフォローすると「状況に

よりますけど…」と高木愛がタイミングよく引きとってくれた。「『失礼しました。私の大好きなモデルなので、つい…』とか『何か気になるものがございましたら遠慮なくお声がけくださ い』と言ってさっと引き下がるのがいいと思います」

「『って、合いませんよね?』みたいに、冗談ぽく逃げるのはどうですか?」高田直樹だ。冗談好きな彼らしい。

「チラシみたいなのがあると、お声がけしやすいです」自分もお声がけしたくないと言っていた相川だ。「お声がけの口実になるので…」

来店した人にチラシを手渡して「いまこういうセールをやっていますのでご検討ください」と一言かけて、それとなく離れる。チラシを渡すことになっているという口実があると、心のハードルを下げられるということらしい。

——たしかにそうだ……、ちょっとした「小道具」を用意すれば、アプローチする「口実」ができて、売る側・買う側、両方の心理的なハードルは下げることができるかもしれない。これは須藤本部長に報告しておこうとマリコは手のひらにメモした。

こうして一枚ずつセリフを見ながらみんなで意見交換していった。意外と時間を取ってしまったが、お声がけに抵抗感を持っている社員のホンネをはっきり聞くことができたし、彼らも少し考え直してくれるかもしれない。解決策のようなものも見えてきたような気がした。

それとなく自己紹介

「コンサルティング接客では、どこかで『それとなく自己紹介』をするのが効果的だと言われています」

マリコは、高柳教授から指導を受けた次のテーマに進んだ。

「自己紹介、ですか？」

「自己紹介と言っても、名前や趣味の話をする普通の自己紹介ではなく、それとなく『自分は経験豊富なプロですよ。私のアドバイスは役に立ちますよ』というメッセージを感じさせて、話を聞いてもらうという意味です」

「……」

反応が鈍い。そういう自己紹介を書いて貼りだしてほしいと言おうとしたが、その前に例を紹介することにした。

「たとえば……、山川さんだったら、『店長をしております』と言うだけでいいかもしれません」

それを聞いて高木愛が、あっ、と何かを思いだしたという反応をした。

「さっきお話ししたフランス・ブランドのブティックですけど、そう言われると、そこの店員さんが『毎年フランスに研修に行く』って言ってました。それを聞いて何となくその人の話を聞いてみたくなったんですけど……。それってマリコさんが言われた『自己紹介』ですよね？」

マリコは笑顔で強く頷いた。

「たぶんみなさんも、意識せずにそれとなくやっていると思います。ちょっと思いだしてみてください。それを意識化するというのがこのワークの狙いです」

黄色の付箋が配られた。

〈この店に長くいます〉〈デザイナーしてました〉〈技能コンテストで全日本2位になったことがあります〉〈私も長年愛用しています〉〈仕入担当です〉〈好きなので個人的にもいろいろ試しています〉〈この店で5年目です〉〈フォーマル系を担当している相川です〉〈家族にも薦めています〉〈長年、いろいろ失敗もしているので、なんでもお聞きください〉……。

全員が付箋を貼り終え席に着いたところで、マリコは立ち上がると何も言わずに付箋を左右に振り分けて貼り直し、どう？　という顔で振り返った。

「みなさんの自己紹介を、ある基準で左と右に分けてみました。何が基準になっているかわかりますか？」

「……」

「字がきれいかどうか…？　じゃないよな」高田が受け狙いで声を上げた。

「違います！」

「説得力があるかどうか？」

「惜しい！」

「えっ、惜しい……？」副店長の三浦可奈子が複雑な顔をした。

「……、あっ」

1分ほどの沈黙のあと相川隆志が声を上げた。

「数字があるかないか、ですか？」

「正解！」

マリコはテーブルの上に置いてあったチョコレートを相川に「ハイ、賞品です」とうやうやしく手渡すと、相川が頭の上に戴くように受け取って笑いをとった。

「数字があるのとないのでは、インパクトが違うと思いませんか？」

なるほどという頷きが見えた。

「それではもう一度、数字を入れて『自己紹介』を書いてみてください。付箋の色を変えましょう」そう言いながら、今度はオレンジ色の付箋を配った。

出てきた自己紹介について、「アプローチ」のときと同じように全員で話しあった。勉強のために世界一周をしたことがあるとか、イタリアの有名なデザインハウスで8か月修業したことがあるとか、仲間内でも知らない面白いエピソードが共有され、和やかな雰囲気で盛り上がっていった。

——そう言えば……、とその喧騒《けんそう》の中でマリコは気づくことがあった。接客についてド素人の自分が、店舗スタッフに接客のワークショップをやっている。みんな素直に聞いてくれているのは、これは、ひょっとするとビジネススクールに行っているという自分の「自己紹介」が効いているからだろうか……、そうに違いない、と思うとクスっと笑いが込み上げてきた。

目も心も使って傾聴する

「コンサルティング接客では、お客様に適切なアドバイスをする必要があります」マリコは話題を進めた。「そのために必要なことは何だと思いますか？」

「……」

「お客様が求めていらっしゃるものを聞くことでしょうか？」

三浦可奈子が自信なさそうに手を挙げた。

「その通りですね。ここでも一般接客と、みなさんのコンサルティング接客では違いがあります」

「……?」

マーケティングでは、ウォンツとニーズを分けて使う。マリコも去年の授業ではじめて学んだことだった。客が言葉に出してこれがほしいと言ってくれるものをウォンツ。客自身、必ずしも意識していない、ウォンツの後ろにある要求をニーズと呼んでいる。ニーズは、だから言葉にはなっていないことが多い。

一般接客では、「これをください」とお客さんがウォンツを口にすれば、ハイと丁重に対応して売ればいい。コンサルティング接客では、そのお客さんの言葉を聞きながら、背景にあるニーズを感じとってお薦めする商品を考えなければいけない。**お客様の本質的なニーズを満たす、より良いものをアドバイスするのがコンサルティング接客**だ。

たとえば、コンフォート系のものを買いに来たお客さんでも、アウトドアスポーツが趣味だとか、そういうイベントに参加することがあるといった雑談をしていれば、もう少し大胆なデザインで機能性の高いスポーティなものをお薦めしてみる。

「さっき高木さんがフランス系のブティックで自分が選ばないようなものを薦められて感じた嬉しい驚き。そういう感動を提供するためにはニーズを聴きとる力が必要です。そこには、こういうものまで似合うのかと相手の隠れた自尊心をくすぐる効果もあります。だからいいアドバイスをするためには、ニーズを感じとる必要があるのです」

「お客様はこうだから、と理由を添えられるので説得力も増します」

三浦が答えてくれた。

「でも、言葉にして訊きにくいこともあるし、だから質問する力とか、言葉にならないこと、言葉の裏にあることまで聴く力が必要になります」

そう言って、グランドルールが書かれている大きな付箋の下の方に漢字の「聴」と書いた。

「耳だけじゃなく、目も心も使って傾聴するということですね」

マリコは高柳から聞いた話をそのまました。

「そこで、みなさんがいいアドバイスをするために、これまでに役立った質問を書きだしてもらいたいと思います」

「質問を書くのですね、アドバイスじゃなく」

山川潤の確認に、マリコはにっこり頷いて答えた。

グリーンの付箋が配られ、全員の手が躊躇なく動きはじめた。書き終えると立ち上がって壁に貼っていく。貼られたものを見ながら、同じ内容のものは縦に、違うものは横に自主的に話しあいながら整理していく。もうマリコは何も言う必要がなくなっていた。考えを書いて共有し、整理するスキルがこのチームには根付きはじめている。

〈利用する場面や頻度〉〈職業〉〈ゆったり系かセカセカ系か〉〈仕事中心vs生活中心〉〈趣味〉〈生活のリズム感〉〈なぜこの店を知ったか〉〈家族構成〉〈ライフスタイル重視か?〉〈好きな色〉〈旅行好きかどうか〉〈アウトドア派かインドア派か〉……。


出てきた質問について、どのようにアドバイスに有効だったのか、先ほどの「自己紹介」のときと同じように一つずつ聞きだし、どんなアドバイスをしたのかを合わせて共有していった。

これまでのワークでは、若手はフレッシュな目で店を見ていて、引きだしさえすれば面白い発想が得られた。しかし今回は、接客経験が少ないためか、あまりいい質問もアドバイスの例も出てこなかった。それに対して無神経な印象を与える店長の山川潤が、実は質問がうまくアドバイスも的確だった。おそらく店舗スタッフ全員が何かを学んだのではないか、とマリコは少し嬉しくなった。

大学院でのプレゼンテーション

この日の午後、ワークショップを終えた南里マリコは半休を取ることにしていた。2日後に迫った大学院でのプレゼンの準備をするためだ。ネタはたっぷりある。昨年10月からの4か月間で三回、計9時間のワークショップを行った。使った付箋は数百枚。すべて写真におさめてあるし、スライドも10ページほどある。

今回のプレゼンでは、これらを整理して五枚にまとめないといけない。発表時間は15分しかなく、簡潔に要領よく説明することも評価対象になっている。6ページ以上の資料や時間を超過すると減点対象になる。

2日後、水曜日の夜9時。何十回も手直しして作成した資料をアップロードしてプレゼンに臨んだ。パソコンを立ち上げ、カメラをセットして自分が映るようにする。パスワードを入れてテレビ会議に入った。すでに発表会は始まっている。担当教授である大和田譲以外に、二、三人の教授と同級生が五名、このネット上の発表会に参加していることが画面で確認できた。

マリコの順番は6番目。すでに二人が発表を終えていた。あとの三人の発表を聞きながら、ミュートボタンを押してプレゼンの練習をしていると、すぐに自分の番が来た。

「まず、課題の定義です」

マリコは学生番号と名前を名乗り、緊張した面持ちでスタートした。

「当社、株式会社ワンダーXは、日本全国で専門店を展開する会社です。店舗の活性化を図るために、その中の一店舗を対象にワークショップをこれまでに三回行いましたので、それについて報告します」

そう説明するといきなり質問を意味するランプがパソコンの画面に点灯した。そのランプをクリックすると教授の根岸賢一がマリコのＰＣに映しだされた。

「店舗の活性化とは、具体的にはどういうことですか?」

「すみません。抽象的でした」

抽象的なテーマは良くないとくり返し担当の大和田教授から注意を受けていたが、いきなりの質問にマリコは少し戸惑った。

「具体的には…、店舗スタッフ一人ひとりが店を良くするために何をしたらいいか、常に考え、行動し、お客様に喜んで頂く。リピーターが増え、売上が上がって、その結果自分たちのボーナスも増えるし、充実感を得る。その充実感がさらに店を良くしようというモチベーションにつながる。そういうサイクルを創ることを指します」

簡潔に説明しようと焦ってかえってもたついてしまった。

「大きなテーマだね」根岸は笑みを浮かべたが、その笑いにマリコは皮肉を感じた。

「その第一歩ということで、今回は『店舗スタッフが自分たちの店が選ばれる特徴を考え、それを実現するために自ら行動を起こすこと』を課題としています」とつけ加えると、教授はひとまず落ちついてくれた。

続けてこれまで行ってきたワークショップの概要を説明し、当初計画より遅れていること、実際にやってみて気づいたこと、困ったこと、工夫したこと、などをプレゼンし、なんとか15分以内にまとめた。

「会社が使う言葉が、必ずしも店員のみんなの腑に落ちていないというのは面白い気づきだね。具体的にどんな言葉ですか？」

先ほどの根岸教授だ。この発表会では、具体性が追求される。マリコの前の同級生たちも、学校で習ったような言葉——たとえば「価値創造」や「イネーブラー」といった抽象的な用語を使うとすぐにつっこまれていた。

「たとえば店舗コンセプトという言葉です」

「……」

「会社は、店のコンセプトが明確ではなく、もっとしっかりと特徴を打ちださないといけないと考えていて、くり返しそういう指示を店に出しています。しかし、店の方では、『そんなことはやっている』『これ以上何をしろというのだ』と内心思っているわけです」

「君には、南里君には、どうして店が『内心思っている』ことがわかるのかな?」

「本社にいるだけではわからなかったと思いますが、私はよく店に行っていろいろ雑談しているので、わかります。しかし、店の人たちは本社に対しては、それを言わないのです」

言わないから何も変わらず、同じことが続いている、という意味を込めた。

「なるほど」

「この食い違いが生まれる原因が、主語の違いにあることがわかりました」

「ほう? 主語の違いね」

「店は自分たち、つまりWeを主語にして話しています。一方会社はお客さん、つまりTheyを主語にして話しているのです」

「……?」

「自分たちのコンセプトは明解で特徴を出していると店は思っています。つまりWeが主語ですね。しかしお客さん目線で見たとき、つまり主語をTheyにしてみると、They don't see it. 特徴は必ずしも明解ではない。ほかにも同じような店があるのです」

「なるほど、そういうことか。特徴があると自分たちは思っているが、客から見るとわざわざその店に買い物に行くほどユニークではないということだね。『主語が違う』というのは面白い表現だ。で、どうしたのですか?」

「それで先ほどお話ししたように、『特徴』という言葉を『選ばれる理由』という言い方に変えました」

「なるほど。『特徴』は主語不明だが、『選ばれる理由』なら主語も目的語もはっきりしている。それで変わったというわけですか?」

「ハイ。店長が『腑に落ちた』と言ってくれました」

「言ってくれた?」

「あっ、いえ、あの、行動が、そのあと変わりはじめています」

「なるほどねぇ」根岸教授は、頷きながら何かをメモした。

経営陣は、市場調査をし、数字を分析し、抽象的な概念やビジネス用語を駆使して戦略を考える。抽象的な専門用語は、高度な思考を組み立てるのに不可欠だ。ビジネススクールで教育を受け経営リテラシーが高くなった人たちは、難しい概念を操り高度な分析ができるようになる。

「それは良いことだが…」と教授は左手で顎を撫でた。「世の中で、いや社内でも誤解を受けやすくなる」

「……?」

マリコは一瞬意味を計りかねたが、抽象的な言葉のままでは、そういうことを知らない部下や関係者に正しく考えが伝わらないという意味だろうと理解した。

「せっかくの名案もコミュニケーションできなければ独りよがりでしかない。残念なことに、そこに気づかない経営幹部が多い。わからない部下が悪い、不勉強だと思ってしまう。いや、そこまで意識できていないかもしれないな」

「……」

「『あの人は英語が多い』と部下から言われているようなら要注意だ」と根岸は続けた。「それを組織の実行力がなくなっているシグナルととらえるぐらいの感受性がほしいところだが、「これぐらいの英語は知っていないといけない」「なぜわからないんだ」と、そういう人に限って部下に不満を感じるようになる。

その一方で、下では「現場がわかっていない」という不満が溜まるのだ。これが積み重なってくると問題は複雑に絡みあった糸のようになり、文字通りなかなか解決の糸口が見つからなくなる。

「残念なことにこの上下のコミュニケーションができない会社が多いが、最初は、南里君が今回気づいた『主語の違い』のような微妙な差から来ているのが普通だ」

自分たちの使う言葉がどう伝わっているのか、注意深くくり返しチェックする必要がある。

チェックのコツは行動を見ることだ。言葉にはごまかされることがあるが、行動にウソはない。

「それを根気よく地道にやっているのが君のワークショップの価値だね」と根岸は長いコメントを締めくくった。

「この後はどうする計画かな？」

担当の大和田教授が、ここではじめて質問した。

「教授から以前教えて頂いた、働き方を変えるワークショップを考えています。それと…」

マリコは言いよどんだ。店がもっと数字を使って考える力を身につけないと本物にならないと考えていた。この4か月、ワークショップをやってみて感じているマリコの新たな問題意識だった。

AIに勝つリーダーシップ

全員のプレゼンが終了した。

「みなさんご苦労さま」三人の教授を代表して大和田が総評を始めた。

「全員合格です。短い時間の中でよくやってくれました。今回のフィールドスタディを通じてみなさんが大きなものを学んできたことが、しっかりと伝わってきました」

機械による自律学習が現実のものとなり、人が教えなくてもコンピュータは自分で学習し、人を凌《しの》ぐようなことができるようになった。

人が教えなくても機械が自分で学習できるのだから、その応用範囲は拡がり**生産の機械化は加速度的に進む**。人の手への需要は減り、コストはますます下がっていくだろう。

しかし、**消費は機械化されない**。つまり消費に対して常に供給が過剰になる。これが先進国で賃金が上がらない構造的な要因である。

おまけに労働者の仕事は機械によって奪われるのだから収入は減る。稼ぐことができるのは、機械やプログラミングに投資できる限られた人たちだけとなる。これがこれからさらに格差を拡げる構造要因だ。

「いままでと同じことをしていると、君たちの仕事は機械に取って代わられる」

大和田讓は、講義のときにしてきた話をもう一度くり返した。

20世紀末にディープブルーというＩＢＭのコンピュータが伝説のチェスのチャンピオン、ガルリ・Ｋ・カスパロフを下した。チェスより複雑な将棋、さらに複雑な囲碁においても、名人たちが次々と機械の軍門に降《くだ》っていった。ルールが明文化されている世界では、学習速度が速い機械に対して勝ち目はないのだ。

将棋の電王戦で名人佐藤天彦を破った将棋ＡＩソフト、ポナンザを開発した山本一成は、

「ポナンザがどう考えているかは開発者である自分たちにもわからない。ブラックボックスだ」とインタビューに答えている。恐ろしいことだ。

「しかし、望みはある。フリースタイルのチェス・マッチでは、いまのところコンピュータ＋人間チームの方がコンピュータ単体を凌いでいる」フリースタイルというのは、機械vs人間ではなく、人とコンピュータの混合マッチだ。

「ここに君たち人間が機械と差別化できる仕事のヒントがある。今回のフィールドスタディは、そのスキルを身につけるトレーニングになったと発表会を聞いて確信した」

コンピュータはルールが決まっている仕事、定型処理には圧倒的に強い。パターン認識力も急速に進歩しているから、どんなに複雑な問題でもルールが決まっている以上、人はコンピュータには勝てないだろう。いや複雑であればあるほどコンピュータの方が有利だ。

しかし、コンピュータが苦手なこともある。直観力や創造性といったことだ。その面では人間に強みがある。フリースタイルのチェス・マッチで、機械＋人チームの方が強いのは、コンピュータの強みを生かしながらその弱点を人間が補うからに他ならない。しかもチェス名人がいるチームより、チームを統率できるリーダーシップのある人がいるチームの方が強いのだという。

「いずれ」と大和田は続けた。「フリースタイルのチェスでも機械単体に勝てなくなる。そう断言できるのはゲームのルールが単純だからだ」

しかし、現実の世界はゲームとは桁違いに複雑だ。不確定要素がたくさんある。どんなスーパーなコンピュータでも計算しつくせないものがたくさん残る。そこでは直観や創造的な思考が求められる。チームづくりやリーダーシップのようなソフトスキルが必要となる。

「教えない大学」「論より実を重視する大学」というこの大学院大学のコンセプトは、そう考えているからこそだ。「ここで学ぶみなさんの奮起と幸運を祈ります」と大和田は結んだ。

時刻はもうすぐ零時になろうとしていた。

Story 7

働き方が変わる！

働き方を変えるワークショップ

3月はあっという間に過ぎた。年度末で忙しかったし、保育園に入る息子の準備にも時間をとられた。大学院の期末のレポートの締め切りには、死にそうになった。

港北店のワークショップは、3月はお休みし、四回目は4月9日の朝とした。これまでの経験からマリコは自信をつけていたが、大和田教授からは、今回のテーマは簡単ではないから油断するなと注意を受けていた。どこに難しさがあるのかアドバイスをもらって入念に準備をした。

その4月の月曜日の朝、9時少し前に店に着くと、店長の山川がすでに来ていた。はじめてのことだ。

「山川さん、今日は早いですね！」意外！　という顔を見せると、「昨夜は飲みに行かなかったので…」と右手で頭を掻きながら左手で脇腹のあたりを軽く撫でた。照れたときの癖だ。

「じゃ、みなさん揃っているので始めましょう。お早うございます！」

パソコンを立ち上げ、ワークショップの準備を済ませるといつものように開始を宣言した。「お疲れ様デ～す」と、声を揃えて挨拶が返ってきた。半年前の最初のワークショップのときと比べるとずいぶん変わった。

「このワークショップから出てきたアイデアが実行されているので嬉しいです。嬉しいですが、忙しくなったという声も聞きます。そうですよね？」

「ハァ～イ！」と高田が冗談っぽく裏声を使ってアニメ声を上げるとゲラゲラと笑い声が響いた。

「そこで今日は仕事を減らすワークをします。やる意味があるのか疑問を感じている仕事を遠慮なく書きだしていってください」

今回は、1週間ほど前に全員にメールでテーマを伝え、「これムダだな」とか、「何のためにやっているのかな？」と思う仕事を考えてきてほしいと連絡してあった。すでに全員が黄色の付箋を手にしている。

「こうすればいいという提案でなくていいんですよね？」

「そんな良いアイデアがあればもちろんウエルカム。でも提案である必要はありません。『これ何のためにやってるのかな？』と疑問を感じることがあれば遠慮なく書きだしてください」

15分ほどで壁は黄色い付箋でいっぱいになり、マリコが指示するまでもなく、全員が立ち上がって、同じものを縦に、違うものは横に並べていく。

〈本社からの問いあわせへの対応〉〈メーカーJANコードが変わった際の差し替え〉〈受注書

の管理〉〈レジ廻りの整理整頓〉〈閉店後のレジ締め〉〈保証書などへの記入時間〉〈仕入入力〉〈受注書入力〉〈ローン審査〉〈POPづくり〉〈展示のためのラップ〉〈内金処理〉〈店間の在庫融通〉〈価格変更手続き〉〈破損品対応〉〈他店購入品の修理〉〈無料サービス〉〈盗難品のフォロー〉〈入出店記録〉〈展示用包装〉〈売価コードの変更〉〈仕入問屋を絞る〉〈サーバーのログイン制限〉〈釣銭システム〉〈外国人客への対応〉〈免税処理〉〈棚卸し〉〈ギフト券の入力処理〉〈勤怠の打ちこみ〉〈シフトの入力〉……。

ムダ作業は多い。あっという間に壁がにぎやかになった。特にデジタル化することで作業時間を大幅に減らせるような気がした。しかし一方で、単に不満を書きだしただけと思えるものもある。この場に社長や営業本部長がいたら「それがお前たちの仕事だろう！」と一喝されそうだ。

次々と自分の頭の中に浮かぶ考えや価値判断を、マリコは、ちょうどニコニコ動画の画面の上を横切っていく「コメント」を眺めているように、少し離れたところから第三者的に眺めるように意識した。ファシリテーターとしての中立性と心の平静を保つための方法として、大学で教えられたマインドフルネスのテクニックだ。

頭は自分の意志とは関係なく、勝手に思考し判断する。自分の考えとはいえ、それをコント

ロールすることはできない。否定しようとするとますます考えてしまう。そこで「そういう考えもあるね」と第三者的に眺めるような姿勢を保つ。そうして眺めていると、その考えに囚われることを防ぐことができる。もっといいプロセスのヒントが得られることもある。このときも閃《ひらめ》きが訪れた。マリコは予定を変更して、すっと立ち上がると壁に向かってその準備を始めた。

〈ムダ仕事〉を時間帯別に分けてみる

「それでは、こちらに書きだしたものを貼り直してください」

マリコは、店舗スタッフが〈ムダな仕事〉を貼りだしている間に、その横の壁に五つのゾーンをつくっていた。それぞれの上に、

〈10~12時〉〈12~14時〉〈14~17時〉〈17~21時〉〈閉店後〉

と大書した付箋が貼られている。この五つの時間帯にムダな仕事を書きだした付箋を振り分けてみる、というワークがこの場でマリコが思いついたことだった。

「平日を想定してください」とマリコがつけ加えると、すぐに全員が動きはじめ、5分ほどで作業は終わった。

〈ムダ仕事〉の付箋が一番集中しているのは14〜17時の時間帯だ。それに次いで17〜21時の時間帯に多い。12〜14時の時間帯には一枚の付箋も貼られていないのは、来店客が多い昼食の時間帯は接客に忙しく〈ムダ仕事〉をする余裕がないということなのだろう。それにしても来店客がほとんどない朝から正午にかけての時間帯にも〈ムダ仕事〉が少ないのはどういうことだ……。そして、閉店後の仕事も多い。

そういう感想を述べて意見を求めてみた。

「……」

「来店客が少ない朝に、ムダな仕事がほとんどありません。どうしてでしょう？」

マリコはもう一度質問をくり返してみたが能面のような無表情が返ってくるだけだ。

この店の残業は少なくない。しかし一人当たりの売上は63店舗中下から数えて5番目だ。もっと一人当たり売上が高い店でも残業の少ない店がある。その理由が、この時間帯別〈ムダ仕事〉のワークから見えてきたようにマリコは感じた。

現状を書きだし、あるべき姿を描く

その気持ちを率直に伝えることにした。

来店客は、いつもお昼休みの時間帯に急増する。本社からの依頼も朝一番には来ないでお昼時から増える。お昼時は来店客の対応で忙殺されるが、そのピークが過ぎた14時ごろから入ってきた仕事の処理が始まる。夜は再び来店客が増えるが、お昼から持ち越している仕事も残っている。その結果〈ムダ仕事〉と感じるものは午後の時間帯に集中する。それをその日のうちに済ませようとするので残業になる。

「そういうことはありませんか？」

「……」

返ってきたのは、やはり能面のような無表情だった。

「それじゃ、この中で午前中に移せる仕事はありませんか？」

それまで下を見て死んだように動かなかった眼が、この言葉に反応した。壁に貼られている〈ムダ仕事〉の上を20本の視線が縦横に動きはじめる。

マリコは、スマホを取りだし、いまの付箋の位置をいったん写真に撮ると、

「立ち上がって、付箋の位置を変えてください」と行動をうながした。

As Is To Beというファシリテーションの手法の応用だ。まず現状（As Is）を書きだしてみる。その上で、あるべき姿（To Be）を描く。スマホにマリコが残したのは、As Is。これ

から、それがどう変わっていくのか、その変化を残すためだ。

まず嶌田が立ち上がると、それにつられるように高田が遠慮がちにゆっくりと立ち上がり、ほかのスタッフの視線を気にしながら「これは午前中にできるかも」と言いながら付箋を移しはじめた。それに高木愛と副店長の三浦可奈子も加わった。

この四人の手で、14時以降の中にあった一〇枚ほどが、午前中に移された。

「これについて異論ありませんか？」

「……」

「午前中に仕事を移すと残業が減って負担が軽くなりますか？」

能面たちが、視線を漂わせながら弱々しく頷く。

「山川店長、これって可能ですか？」

「可能かどうかという意味では……、まあ可能ではあります」

「何か引っかかってますか？　遠慮なく言ってください」

「い、いや…、別に…」

「たぶん、来た仕事をその日のうちにしてしまうことが習慣になっているので…、それを翌朝にずらすことになると思うんです」

マリコの疑問に答えたのは副店長の三浦可奈子だった。

「ずらすとマズいですか？」

「マズくないとは思うのですが、そういう段取りをしないといけません。やったことがないので…、そこが引っかかっているのです」

「段取り？」

「……」三浦は横目で店長を気にした。

「店長と副店長で、その段取りをして頂けないでしょうか？」

その様子を見てマリコは、意識して明るい声を出した。――そうすれば午後から夜に集中している仕事は減り、残業もなくなるのではないか……、とまでは口にしない。売上が低迷し、報奨金が取れないこの店のスタッフにとって、残業代は貴重な収入源だ。

――たぶん、そこで悩んでいる……、とマリコは読んでいた。自分たちで判断してほしい。追いつめないでおこう。

少しの沈黙のあと、「わかりました。やってみます」と山川と三浦は頷いた。

マリコは素早くパソコンを操作すると、３Wアクションシートに店長の仕事として、〈午後の仕事軽減・翌朝への仕事の移動段取り〉と記した。

「明日からでいいですか？」と確認して、そう入力した。全員が、スクリーン上のシートに書き加えられていくフォントの一文字一文字を見ていた。

もっとやること、やめること

「それにしても、〈ムダ仕事〉たくさんありますね」マリコは壁に視線を戻した。

「ペイオフ・マトリックスの要領で、この中から〈効果大・実行容易〉になると思うものを選んでやめることを検討しましょう」

過去三回のワークショップでペイオフ・マトリックスには慣れている。同じことを、簡単に投票でやってしまおうというわけだ。一人三票、〈効果大・実行容易〉と思う付箋に「正」という字を書く要領で投票していく。

意外なことに得票はばらけた。最も票を集めたものが五票。三票以上集めたものを数えると六つだ。

〈本社からの問いあわせへの対応〉〈展示のためのラップ〉〈閉店後のレジ締め〉〈過去の受注書探し〉〈勤怠の打ちこみ〉〈シフトの入力〉

「この〈本社からの問いあわせ〉って、どんなことですか?」

「いろいろです。営業本部からも来るし、調達部や人事部、経理部、いろいろなところからいろいろ訊いてきます」

「そうそう。そういうのを一本化してもらえると助かるんです」

「そうですか」マリコはメモを取った。

「じゃあこの〈展示のためのラップ〉っていうのは?」

「それは、商品が傷まないようにラップしてから展示しているんです。その作業が結構大変なんで、やめたらどうかなって……」

実際にラップされているものを見て確認した。これまで何十回も店に来ているのに気づかなかった。

「これ、本当にラップしないといけませんか?」

自分たちで決めたらいいのにと思ったが、その気持ちが顔に出ないように注意して訊いてみた。

「……」

「やめたらどうなりますか?」

「商品が傷みます、たぶん」

「たぶん? 本当に? 展示しているだけなのに?」

「お客さんが触られますから……」

「店長、これやめてみませんか?」

店長が反対しているのかもしれない、と思って振ってみた。

「ウーン…。以前からやっていることなので……」

——店長からしてこうなのだ、自分が店長ならやめてみるのに……、と思ったが、声にならないように口元に力を入れて、他の案件に目を移した。

〈閉店後のレジ締め〉〈過去の受注書探し〉〈勤怠の打ちこみ〉〈シフトの入力〉

「この四つは、自動認証とかシステムを改修すれば可能になりますね。私が本社に持ち帰って幹部会に諮ることにします。お金がかかるので、費用対効果を訊かれます。どの程度時間が減るのか見積もって、あとで連絡をお願いしますね」

これに加えて〈本社からの問いあわせへの対応〉も、マリコが本社に持ち帰って話しあうことにして先に進むことにした。

アイドルタイムを活用しよう

「この付箋に、いまはやっていないが、こういうことを朝の活動に加えたらいいと思うものがあれば、それを書いてください」

もう少し朝の活用に意識を向けたいと考えていたマリコは、ピンクの付箋を配りながら問いかけた。この問いにスタッフはまた考えこんだ。静寂が続いたが、マリコは気にならなくなっていた。

気長に待っていると、古参の嶌田がゆっくりと立ち上がった。壁に向かって歩き、ピンクの付箋を二枚貼った。ほっぺたを膨らませ少し尖らせた口が（書いてやったぞ！）という決意のようなものを表している。全員がそれを注視していたが、本人は口を閉じ、誰とも目線を合わせないようにして席に戻った。

〈チームミーティング〉〈売れ筋・死に筋商品の分析〉

「チームミーティングは、いまやっていませんか？」マリコが確認すると、「やってませんね」と吐き捨てるように嶌田が即答した。

「朝礼、やってるじゃないか」山川が不満げに口を挟む。

嶌田は、山川の方を見ずに黙ってグランドルールを指さした。

――否定しない――　という文字を全員の眼が認識した。

「嶌田さんの〈チームミーティング〉というのは、」この雰囲気を柔らかくしようとしたのか牧野が声を上げた。「いまの朝礼とはちょっと違うのだと思います」そう言うと立ち上がって嶌田が貼ったもう一枚、〈売れ筋・死に筋商品の分析〉の横にまで行って指さした。

「これについて話しあうチームミーティング、という意味だと思うんです」

〈嶌田さんに訊いてみよう〉を立ち上げた経験から、彼の言いたいことがわかるのだという。

「それだけじゃないけどな」

嶌田はぶっきらぼうに同意した。

「っということで」

と牧野は左手に持っていた自分の付箋をその横に並べて貼った。

〈魅せるブログ〉

「チームミーティングで、店舗ブログについても話しあえたらいいなと思って…」

ワンダーXでは各店がブログをホームページにアップしている。それを見て来店する客は少なくないのだが、ほとんどの店でブログ作成は個人頼みになっている。港北店は牧野直人と横川康之、高木愛の若手三人が頑張っているが、店長も含め他の七人はほとんどブログにかかわろうとしない。

牧野は、チームミーティングで、どんなブログが受けたのか、逆に人気がなかったのか、次は誰がどんなネタを上げるのがいいか、といった話しあいをして書けば、もっとブログの量も質も良くなると説明した。

「じゃ、私も」高木愛が左腕を挙げた。ぴんと伸ばした肘が逆方向に少し曲がっているのが彼女らしさを感じさせた。

「POPもみんなで話しあいたいです。いまのブログと同じように」

「それ、付箋に書いて貼ってください」

書いて残ったものしか実行されないから、とマリコがうながした。

「じゃ、オレも」と相川隆志は〈在庫点検〉と書いた付箋を持って立ち上がった。

「半期に一回棚卸しやってるじゃないか」遠藤琢磨が嫌な顔をした。

以前、実棚の差異が遠藤による窃盗ではないかと疑われたことがあった。そう言えば、それを訴えてきたのは相川だった。

出尽くしたところで、マリコは新しい模造紙を貼るとその中央に日の丸より大きな丸印を赤いフェルトペンで描いた。

「では…、いま書いてもらった黄色とピンクの付箋の中から、これはどうしても来店客の少ない朝にやりたいと思うものをこの赤丸の中に貼ってください。やらなくていいものは丸の外に、お願いします」

全員がゆっくりと立ち上がって付箋と模造紙が貼られている一角を囲んだ。

「これは中だ」蔦田が自分で書いた二枚の付箋を日の丸の中に移した。じゃあ、と牧野と高木が続いた。遠藤に遠慮したのか、相川は動かなかった。

「これは中だろう」店長の山川が〈客注品の発注〉と〈修理〉〈伝票処理〉と書かれた三枚の付箋を移した。〈本社との連絡〉〈在庫の確認〉〈予約客の確認〉…と、これに続いて、一〇枚程度の付箋が丸の中に移され、〈在庫点検〉を含む数枚が、丸の外に残っていた。

予想外の提案

残り時間が15分ほどになり、締めくくろうとしていると「ちょっといいでしょうか?」と副店長の三浦可奈子が手を挙げた。

「あの…」手を挙げたわりには次の言葉がすぐに続かない。「うちの一人当たりの売上…、最低レベルなんですよね?」

毎月の店長会議で以前から報告されているはずだが、最近知ったような口ぶりだった。

「63店舗中下から5番目ぐらいです」

「ですよね。それで営業本部から人を減らせと言われているのですが、そうすると週末のピーク時の人手が足らなくなります。土日の売り逃しが増えて、もっと売上が落ちると思うんです」

「……」マリコはだまって頷いて先をうながした。

「ほかの店に較べて、うちは週末と平日の来店客数の差が大きいと思うんですね。それで、もっと平日にお客さんが来てくれれば、人が遊ばずに売上を伸ばせるんじゃないかと…」

マリコはようやく三浦の言いたいことがわかった。本部からの人員削減要求に不満がある。人を減らすとじり貧になる、と言いたいのだ。

「今日、仕事を減らすワークをやって、そのすぐあとで言うのもなんですが…」と三浦は遠慮がちに、平日の来店客数を増やすワークをやってもらえないか、と提案した。

「なるほど…」そのためにこれまで三回、ワークショップをやったんじゃないか、とマリコは少し不満だったが、それが表情に出ないように口角を上げた。

「ほかのみなさんはどう思いますか？」と見渡すと全員が頷いている。

「じゃあ、平日の売上を上げるためのアイデアを、次回みんなで考えることにしましょう」

すべての問題はビジネスチャンス

その次回は2週間後の4月23日になった。モールからは閉店頻度が高いと顔をしかめられたが、5月のゴールデンウィークの準備だということで、山川が強引に押し切った。

はじめに前回のリキャップを行う。システム改修を必要とする〈閉店後のレジ締め〉などの四件については、マリコが幹部会に上げ、そこで次回のシステム改修に盛り込むことが決まったと説明した。本社の複数部署からの同じような問いあわせや依頼については、関連部署にｃｃを付けることを徹底して、同じことの重複を減らす対策とすることになったと報告した。

店長の山川からも進捗報告があり、前回のワークショップのあとで、みんなで何度か話しあった結果、〈展示品のラップ〉はやめてみようということになり、先週からやっていないという。午後から午前への仕事のシフトも、毎日閉店までに店長と副店長が判断して、翌朝に回すものを決め、残業が減ったという。先週の港北店の残業が急に減っていることを、マリコもデータ上で確認していた。

「これ、お祝いです」

手提げの紙袋から小さなショートケーキを取りだすと、オーッと小さな歓声が上がった。

「もっと成果が出たら、報奨金が出るので頑張ってください」などと話しながら、ケーキを切り分けた。誰かが飲み物を買ってきて歓談の時間が続き、予定していたワークショップが始まったのは10時を少し過ぎてからだった。

「そろそろ始めませんか？」という三浦可奈子の一声で、紙皿やプラスチックのフォークがあわただしく片づけられ、すぐに準備が整った。

「もしみなさんがこの店の客だったら…」咳払いをすると、マリコは全員の表情を確認した。全員の眼がいつも以上に反応しているように感じた。「どんなことがあれば、平日に仕事を休んででもこの店に来てみようと思いますか？」

この問いかけを合図に、付箋に書いたアイデアが壁に貼られていく。気のせいか、いつもより勢いがある。

〈平日割引〉〈平日午前中割引〉〈ブランドイベント〉〈平日クーポン〉〈カリスマユーザーの講演会〉〈平日抽選会〉〈デザイナーの思いを聞く会〉〈平日限定イタリアのデザイナーの講演会・即売会〉〈新製品発表会〉〈ミニ・ファッション・ショー〉〈水曜日割引〉……。

いったん貼りだされたアイデアについて、全員が立ち上がりペイオフ・マトリックスを前に議論しながら、付箋を貼り直していく。「これはもう少し右だろう」「でも土日に来る客が単に平日にシフトするだけじゃないか。もう少し下かな？」「うちの横浜店や二子玉川店から客を盗るのもどうかな」「そんなこと言ってる場合じゃないよ。盗っちゃえ、盗っちゃえ」「競合店に行く人にうちに来てもらうようにするには、これじゃないか？」

いったんペイオフ・マトリックスに付箋を貼り直したあと、もう一度アイデアを考える時間をつくって書き加えた。それをマトリックス上に貼り足しながら議論をくり返し、話しあいは正午まで続いた。

マリコは、ただ見ているだけで何もすることはない。この半年でずいぶんワークショップ慣れしたものだ、とスタッフの動きを見ながら思った。

そういう自分も変わった……。

ビジネススクールの授業では、「マイナス面だけということはない。どんなことにも必ずプラス面がある」「もっとほかに見方はないか？」と視点を変えることをくり返しうながされてきた。学生の中には、ヘルツェゴビナで働いている人や、アテネでラーメン店をやっている人もいる。ネット上の大学ならではだが、こういうところに住む「学生」から意外な見方が提示されて驚くことは少なくなかった。

ＡＩについてはよく授業で取り上げられた。これからのビジネスの競争関係を大きく変える要因であり、働き方にも大きな影響を与える。ＡＩを備えた機械が人の仕事を奪うと見るのか、労働人口が激減する日本経済の救い主と見るのか。マスコミ情報だけを見ていると視野狭窄《きょうさく》に陥る。

多様な見方に接し、見方を変える訓練をくり返してみると新しいビジネスチャンスが見えてくる。**すべての問題はビジネスチャンス**、という精神と思考の柔軟性をこの2年ほどでずいぶん鍛えられたように思う。

内向的で心配性。自分は、マイナス面にしか目が行かなかった。それは性格の問題だと思っていたが、くり返しプラス面も見る努力をし、多面的に考え、そういう人たちと意見交換をしているうちに、明らかに変わりつつある。そして自信が育ってきている。この店にもそうなってほしい…。

マリコは自分の手を離れて進むワークショップを眺めながら感慨に浸った。

資金繰りに悩まされる綱渡り経営

4月25日水曜日は四半期に一度の役員会だ。前回と違ってマリコには出席依頼はなく、いつものように会議室の準備と後片づけだけを頼まれた。

2月初旬に行われた前回では、銀行や大株主の創業家からもオブザーバーが出席し、異常な雰囲気の中で代表取締役である鯨岡の解任動議が出された。結果的には否決されたが、経営陣に与えた心理的な動揺は小さくなかった。

今回の役員会の主題は、3月末に締めた前会計年度の業績報告と今年度の予算に対する業績見通しだ。経理部長で専務の杉山義男が、まず前第4四半期（1－3月）の業績を淡々と説明する。売上は、悪かった前年同期をさらに5パーセント程度下回り、ついに営業赤字に陥った。何とか通年では営業黒字を確保したものの、売上は昨対6パーセントダウンとなった。

需要は相変わらず弱く、競合している企業の倒産も新聞で報じられている。業界の統計によると出荷量が昨年より12パーセント以上縮小している。その中でのワンダーXの6パーセントダウンは悪いとは言えない。

しかし、創業家を代表する役員の金藤文也は、相変わらず「関内野党」として経営の無策をくり返し批判した。鯨岡はそれに対して、一つずつ反証を挙げ、批判が当たらないことを、ことさらに穏やかに説明した。

この第1四半期（4－6月）の見通しも厳しい。銀行から追加融資を断られただけでなく、借入金のくり上げ返済も迫られている。これが資金繰りを難しくしている。この状態ではリスクは取れない。M&Aによる成長戦略は、ファンドからの追加投資が棚上げにされ、この会社の戦略的自由度はほとんどない。鯨岡は、それでも水面下でターゲット企業に接触を図り、ファンドとの交渉を継続していたが、文也がいるこの役員会ではそれに触れることを避けた。

小売業を専門にしているコンサルタントの高松隼人は、「小売りは人がすべて。もっとモチベーションを上げるべきだ」といった一般論をくり返し、2月の役員会のときのような鯨岡への批判的な態度は影をひそめている。（調子のいい奴だ）と鯨岡は思ったが、「おっしゃる通りです」「参考にしたいと思います」と丁重に礼を述べた。

もう一人の社外役員である茂木智子は、ネットを駆使して業界のニュースを集め、データを細かいところまで冷静に分析していた。「新製品の○○がネット上では人気を博していますが、実際はどうですか?」「スポーティ系が少し伸びていますが、ここにもっと力を入れることはできないでしょうか?」といった質問をしてくる。抜本的な解決策にはならないが、彼女なりに何とかしようという努力は感じられる。

――ファンドへの期待は、そんな小手先の話じゃない。自分が提案したM&Aを実現する戦略的な追加投資だ……、と鯨岡は面白くはなかったが、追加投資はファンドの投資委員会で否決されたもので、彼女はその委員会のメンバーではない。彼女を責めるのは理不尽だと思い直した。

いまできることは、ひたすら出費を抑えてキャッシュフローを維持し、時間を稼ぐことしかない。日々のキャッシュフローを気にしながらの綱渡り経営。CEOのはずだが経理課長のような仕事しかない……、と鯨岡は苦笑いを浮かべた。

「役員会、終わったからね」

人事部長の辛島仁慈は、大会議室から帰ってくると南里マリコに後始末を指示した。誰もいなくなった大会議室に行くと、椅子や備品の配置を戻し、飲み物や食べ物の後片づけを一人で始めた。総務からも二人来ることになっていたが、待っている時間がもったいなかった。

プロジェクターを定位置に戻そうとして、見慣れないレーザーポインターが床に転がっていることに気づいた。拾おうとして腰を屈《かが》めた背中に「ああ、それは私のだ」と声をかけられ、ビクッと身体が反応した。

「驚かせてすまなかった」屈んだまま振り向くと社長の鯨岡が後ろに立っていた。

「やっぱりここか。ありがとう」

現場で手が届かないところでも指示するのに便利だからと、普段から持ち歩いている私物のポインターだった。

「南里君、いろいろありがとう」

鯨岡はポインターを受け取るともう一度礼を言った。

「私は、あの、何もしてません」

その礼が、レーザーポインターのことではないとマリコは察した。

「銀行も株主も、成果が出ないのは我々が悪いからだと言ってこちらの話を聞こうとしない。我々を取り巻く環境を考えるとそんな都合のいい戦略なんかないがね。君がやっているような地道な活動が、一番必要なのかもしれない」

Story 7

働き方が変わる！

そう自嘲的な笑いを浮かべると、フッと振り返って出て行った。遠ざかる背中にいつもの勢いがなかった。

利益とキャッシュフローは違う

「ちょっと相談にのってもらえませんか?」

後片づけを終えてオフィスに戻ると、マリコは隣の島に座っている同年配の久保英明に声をかけた。

「何でしょう?」

目鼻立ちのはっきりしない丸顔が振り向いた。喜怒哀楽をほとんど顔に出さない男だ。社歴は古い。高卒でこの会社に入り、経理畑一筋で黙々と仕事をしてきた。新入社員歓迎会のときに居酒屋で話したことがある程度で、ほとんど口をきいたことはないが、何とも言えない信頼感がある。

「うちのキャッシュフローって、大変なんですか?」

久保を誘って打ち合わせコーナーに席を移すと、声をひそめて質問を切り出した。役員会や幹部会でくり返し問題になっているのが気になっていた。

利益とキャッシュフローは違う。当社は黒字で利益は出しているものの、キャッシュフローが悪くなって経営を圧迫している。会社は黒字でもキャッシュが回らなくなると倒産することがある。そういう説明が返ってきた。

ビジネススクールでも習ったことだが、どうも腑に落ちない。自分は経理には向いていないとマリコは改めて思っていた。

「それで、どうしたらいいの?」マリコは珍しくタメ口になった。

「まず売上を伸ばすことです」

たとえ原価で売ってもキャッシュは入ってくる。もちろん利益は出ないが、それでもキャッシュは入るからキャッシュフローは良くなる。

「次に、いま会社がやっているように出ていくお金を減らすことです」

キャッシュアウトで一番大きいのは人件費と仕入、続いて店の賃料。光熱費・出張費など諸経費は極めて小さい。経費節減で電気をまめに消したり出張を減らしたりしているが、インパクトはほとんどない。

「精神論です」と久保は飾り気のない言葉を吐いた。

賃料は、借りる期間が3年とか5年とかはじめから決まっている定期借地権がほとんどで、店を閉めても契約期間が終わるまで賃料は発生しつづける。人件費の方は、レイオフすれば給料と社会保険料は減らせるが、月給の何倍かを退職金として支払うことになるので、短期的にはお金が出て行く。レイオフでプラスのインパクトが出るのは来年度になるという。

すぐにできて効果があるのは、いま会社がやっている仕入制限しかない。仕入れたら翌月にはお金が出ていく。これを抑えればキャッシュのアウトフローを抑えられるから資金繰りは楽になる。仕入はその商品が売れるまで会計上の経費にはならない。売れた時点ではじめてコストとして認識される。(ここがわかりにくいところだ) とマリコは思ったが黙って聞いた。

「だから売れるものだけを仕入れることです。売れないものを仕入れて在庫すると、その分キャッシュフローは悪くなります」

店の魅力を保ちながら仕入を抑えるには?

「つまり、仕入を抑制するのがいいということ、ね?」

「そうです」と久保は無表情に頷いた。

「でも仕入を抑えると、面白くない店になるよね?」

マリコはいま会社が進めている仕入制限に対する店の反発を代弁してみた。

「そうかもしれません」相変わらず淡々としている。

「……、それでもやらないとキャッシュが厳しい。つまり倒産する？」

人事として入社して1年半にもならないマリコは、遠慮なく素朴な疑問をぶつけてみた。久保は、怒ったりバカにしたりせずに、とにかく淡々と訊いたことに答えてくれる。

「倒産するかどうか、僕にはわかりませんが、キャッシュが回らなくなれば、黒字でも倒産します」

キャッシュフローを維持するために銀行がある。その銀行が急に非協力的になった。マリコは鯨岡がどこで苦労しているのか、少しわかったような気がした。

店長が、そういうことを考えて仕入や在庫管理をしているとは思えない。店舗では自店の売上や在庫はもちろん、他の店舗の数字も商品別に見ることができる。しかし店舗で見ているのはおそらく自店の売上だけだ。店は売上で評価されてボーナスや報奨金が出る。在庫は多い方が店は賑わい、売上は上がる。

「在庫は多い方がいいと単純に考えている店長がほとんどです」

と久保は淡々と説明した。

先ほどのキャッシュフローの話などを説明してもわからないに違いない。しかし、在庫を見ているかと訊けば「見てやってます」という答えが返ってくる。例の「店の特徴」と同じような話だ。本人たちは見ているつもりだが、経理的な視点から見れば、それは単に数字を眺めているだけで、それを見て何かを判断しているわけではない。どう考えたらいいのか知らないのだから仕方がない。

久保の説明は、これまで店舗に通って雑談をくり返してきたマリコの肌感覚にぴったりと合った。

「店の魅力を保ちながら仕入を抑えるにはどうしたらいいかな？」

マリコは頭に浮かんだ疑問を口にした。

「そんなこと訊かれても…。僕は経理ですから」

久保は小さい目を見開いてマリコを見返した。あまり代わりばえしない。

久保に答えを期待したわけではない。単に疑問を口にしてみただけだが、その拍子にもう一つ疑問が浮かんだ。

「久保さんから見て、仕入管理をうまくやっている店ってありますか？」

「福岡の天神店かな」

久保はこともなげに答えたが、マリコには意外だった。店長の楠元彬が数字に強いという印象はない。むしろ勘と経験で仕事をする職人肌の店長だ。その店長の仕入管理がしっかりしている…？

「一つだけ見ている数字があるのです」

ビジネス用語で言えばＫＰＩ（Key Performance Index）ということだが、そう言えば「そんなカッコええもんじゃなかよ」と楠元は笑うだろう。

「彼は、月末になるとその時点の在庫で翌月の売上目標を割って、それが０・８から１・２の間になるように仕入を調整しているのです」

「それだけ？」

「それだけです」

それで上手くやっているという説明に、マリコはキツネに摘まれたような気になった（キツネに摘まれた経験はないが）。

——逆に言えば、ほかの店ではその程度のこともしていないということか……。

それをワークショップでやってみたら

要するに楠元がやっていることは、在庫が月に１回転するように仕入を調整しているということだ。彼はいわば商品オタクで、何を仕入れたらいいかは、その経験知から出てくる。ただ、どれだけ仕入れていいかはわからない。それを在庫回転から割りだしているのだ。おそらく若いときに創業者の金藤喬俊と仕事をする中で学んだのだろう。

「それだよ。それで行こう！」マリコは急に大声を上げた。

「どうしたんです⁉」久保は思わず辺りを見回した。オフィスにいた二、三人が打ち合わせコーナーを振り向いていた。

「久保さんや私から、『こうしなさい』と言われるより、楠元さんがこうしていると言う方が店長には説得力あるでしょ。彼、みんなからリスペクトされてるから」

「まあ、そうですけど…」そう答えながら久保の頭の中には？？？が並んだ。「南里さん、研修か何かを考えているんですか？」

「そうだったね」

まだ自分がやっているワークショップの話をしていないことを思いだしたマリコは、手短にそのことを話すと、そこにキャッシュフロー問題を解決するプログラムを織りこみたいので手伝ってほしいと持ちかけた。

――いままでとは違うワークショップができるかもしれない…、と珍しく自分のアイデアに少し興奮していたが、久保は「それについては一応、店長用のマニュアルがあります」と相変わらず感情の薄い顔で答えた。数年前に店長マニュアルが作成され、その中に店長がやるべき数値管理については記述されているという。それを使って店長研修もやったという。

「でも、実際にそれをやっている店長はいないんでしょ？」

久保は黙って頷いた。

興味のない人に教えても実行されない。マリコは、これまでやってきたワークショップの手法を使えば、数字を見ながら店舗運営をすることに興味が持てるようになると確信していた。

現場の数字力を高めるプロセスデザイン

「手伝うって、何をしたらいいのですか?」

久保の声が少しうわずって、これ以上はムリという雰囲気が漂ってきた。(わかりやす〜い)とマリコは思った。不器用で仕事が遅い。その分正確で信頼がおけるのだが、毎日最終退場者になっている。朝も早い。

たぶん帰宅は毎日零時を過ぎているのだろう。独身だから、夕食はコンビニ弁当でも買って帰って家でチンして食べているのかもしれない。そして風呂に入って万年床で寝る。起きたらすぐに会社に出てくる……、そういう毎日を送っている久保の姿をマリコは思わず想像してしまった。

「たいしたことはありません」とマリコが言うと、それだけで久保の眼の動きが少し落ちついた。

「先ほどお話ししたワークショップで、Ｋ指数を計算したいのです」

「Ｋ指数？」

「楠元さんが計算している指数だからＫ指数」

マリコは、さっさと名前を付けてしまった。

Ｋ指数は、翌月の売上目標を月末在庫で割った値だから在庫回転数のようなものだ。Ｋ指数が0・8〜1・2になるように仕入れているということは、1年間に在庫が10〜14回転するように目標管理しているということになる。

「在庫回転と言うより、楠元店長がやっているＫ指数と言う方が、みんな興味持つでしょう？」

「たしかに……、業績のいい天神店の秘訣みたいな感じがします」

「その手伝いをお願いしたいのです」

「……」久保の眼におびえが戻ってきた。

「店の人に、自分の手でパソコンからデータを引きだして、自分でＫ指数を計算してもらう。それを他店と比較して話しあってもらう。そのお手伝いです」

「……？」

マリコのワークショップを知らない久保にはイメージがわかない。マリコはノートを出してテーブルの上に開くと、わかりやすく箇条書きしはじめた。

①天神店の話をしてみんなにK指数というものを知ってもらう
②自分の店のK指数を計算してもらう
③気になる他店のデータを引きだしてその店のK指数を計算し、自店と比較してみる

「たしかに自分でこういう作業をしてみれば身につきやすいですよね」

「実感すると思う。って、久保さんにお願いしたいのは、この②と③のところです」

「えっ、僕が…ですか？」

久保はほとんど店に行ったことがない。人に教えたり人前で話すという経験もほとんどなく苦手らしい。

「店に来てほしいの。私にはシステムの使い方とか説明できないし」

久保は自分を覗きこんでいるマリコの眼に気づいた。潤んでいる。身体の芯がゾクッとした。

「私から杉山専務にはお願いしますから」

「そうしてもらうと、助かります」口が勝手に同意してしまっていた。「ほっ、ほんとにK指数を出す手伝いだけでいいんですよね？」

「その次は…」マリコの視線が宙を漂った。「このK指数の店による『差』がどこから来ているのかを考えてもらうのかな……」そう言いながら、自分だったらどう考えを進めるか想像し

はじめた。

要素に分解し、大きい方から並べてみる

「南里さん……、大丈夫ですか？」

急に黙りこんでしまったマリコが心配になって久保は声をかけた。

「そうか！　要素分解だ」

「……？」

K指数の「差」がどこから来ているのか、要素に分解して考える。まずは売上と在庫を大分類に分けて、大分類ごとにK指数がどうなっているかを見る。

「そういうことはシステム的にはできますよね？」

「できます。簡単です」

大分類は、フォーマル、カジュアル、スポーティ、コンフォート、アクセサリー、パーツ、その他の七つに分けられている。この大分類のどこかで、K指数に顕著な差がないか、それを見ようということだ。

「そうすれば、どの大分類が悪いかがわかるでしょう？」

「そうですが、たぶん……」と久保は口ごもった。

「たぶん?」

「たぶん、一番大きいカジュアルで差があるのだと思います」

久保によると大分類の構成比は、会社全体でフォーマル13、カジュアル35、スポーティ20、コンフォート12、アクセサリー10、パーツ7、その他3なのだという。店によってこの構成比は多少違うが大差はない。全体のK指数の差があるとすれば、4割近くを占めるカジュアルの差が主な原因のはずだ。1割程度しかないパーツやその他でいくら大きな差があっても全体への影響は小さい。

「そうか。要素に分けて、大きい方から見ていけばいいんだ」久保の説明を聞いて、マリコはまた閃いた。「ソート、できますよね?」

久保は頷くと、慌ててA5判の使いこんだメモ帳を取りだした。「K指数の差がどの大分類から来ているかを見るために、売上と在庫を大分類に分解して、大きいものからソートする」とメモを取る。

「そうすれば、在庫回転数の差がどの大分類から来ているかわかる」

「はい……」久保は力なく頷いた。

「その次は、大分類をもう一回要素に分解して、大きいものの順にソートかな」

「一番大きな差はたぶんカジュアルから来ている。そうだとして、そのカジュアルをさらに要素に分解して、また大きい方から並べる」久保は復唱しながらメモした。

「その要素って、何ですか?」

カジュアルという大分類を要素に分けるにはいくつか方法がある。どう分けるのかと久保は訊いた。

「えっ、決まってないの? それは私にはわからない…。どうしたらいいですか?」

「データの構造的には、色、サイズ、メーカー、価格帯…、くらいに分かれています。その下はSKU(Stock Keeping Unit)、つまり個別商品レベルです」

「なるほど。メーカー別に分ければ、どのメーカーのものが在庫回転がいいとか、悪いとかがわかる。価格帯でソートすれば価格帯別に差がわかる、ということね。要するに選んだ要素ごとに在庫回転の良し悪しがわかる。いきなりSKUまで行ってしまうと迷子のようになって、何を見ているのかわからなくなるかもしれない?」

「そうですね」

「そこは……、店のみんなが何を知りたがっているのか聞いて判断したいと思うけど、それって現場でできますか?」

マリコは久保にデータ分析のスピードを訊いた。もし時間がかかるのならワークショップの中ではやれないかもしれない。

「大丈夫、すぐやれます。いまやってみましょう」

そう言うと久保は立ち上がって自分のデスクからパソコンを持ってきた。その画面をマリコに向けると、手際よくマウスを動かす。15分ほどで必要なデータをサーバーから表計算ソフトに落とし、K指数を計算して大きい順にソートしてみせた。

——この操作は、自分でやって体験しなきゃ。やっぱり見せるだけじゃダメだ……。久保のデモを見ながらマリコは確信した。

「ちなみに、港北店の場合はどこに問題があるか、この分析から何か見えますか？」

「意外ですね」データを繰りながら久保は言った。

「一番ボリュームが大きなカジュアルはそれほど悪くないです。それ以外が悪いんだ。あえて言えば、フォーマルとコンフォート。オッとスポーティも悪い。スポーティの在庫、デカいなア。ひょっとするとカジュアルとスポーティを勘違いして在庫しているのかもしれない。フォーマルは人気ないのに…、これも在庫大きいなあ。ここも問題ですね、きっと」

「それって、港北と福岡というマーケットの違い？」

マリコには久保のひとり言のような説明はよくわからなかったが、数字を見てここまで何かを推測できることに少し驚いた。

「それは僕にはわかりません。経理ですから」とまた経理を強調した。「しかし、このワークをやってもらえば、店の人たちには思い当たることがあるかもしれません」

マリコは、もう一度ノートを取りだして先ほどの箇条書きに項目を書き加えた。

①天神店の話をしてみんなにK指数というものを知ってもらう
②自分の店のK指数を計算してもらう
③気になる他店のデータを引きだしてその店のK指数を計算し、自店と比較してみる
④大分類別に売上と在庫を出し、大きい順に並べる
⑤大分類ごとのK指数を計算する
⑥それをさらに要素に分解し大きい順に並べてK指数を計算する
⑦これをくり返してK指数を改善する方法を話しあう

「そういえば…」マリコがノートに書きこんでいるのを見ながら、久保が何気なく思いだしたことを口にした。「山川店長から、仙台や札幌の数字を教えてくれという問いあわせが、最近ありました」

「最近っていつ?」

「今月だったと思います。先週かな。以前はそんなことはなかったから、何かあったのかなと思ってました」

山川も何か考えはじめているのかもしれない。そう思うと少し嬉しくなった。

「日程が決まったらまた連絡します。お願いしますね」

マリコにそう言われて、久保はまた頷いてしまった。

問題解決とは「差」を解消すること

——このワークショップの手順はほかにも使えるかもしれない……。

マリコは家に帰ってノートを見返しながらニンマリした。

「どの『差』を意識するかが重要だ」と以前に大和田教授から言われたことがある。理想との差、他社との差、予算との差、昨年との差。差は無限にある。どの差に着目して、その原因を深掘りするか。その目のつけ所が重要だという意味だった。

今日は久保との話で、たまたまK指数について考えていたが、K指数である必要はない。たとえば売上について昨年同月と比較してその差を同じように分析してみれば、何かわかるかもしれない。昨年売れていたものが売れなくなり、逆に昨年ほとんど売れなかったものが今年は売れているのかもしれない。その在庫を見れば、売れなくなったものの在庫が多く残っていたり、売れているものの在庫がなかったりしているかもしれない。それを見られるようになれば、何をしなければならないか見えてくる。マリコは少しワクワクしてきた。

そう考えて、昼にメモした思考手順を一般化してみる。

①重要な「差」を見つける
②その「差」の原因を考える。考える手順は、まず構成要素に分解して「差」がどの要素から来ているのかを見る
③要素は大きなものから順に並べ、その順に解決策を考える
④以上をくり返して、最終的にSKUレベルまで見て対策を決める

これを全員でやれば必ず何か発見があるはずだ。自分と違って毎日店で売ったり仕入れたりしている店員には感覚値がある。それをこの分析と重ねあわせれば、きっと気づくことがある、そうマリコは思った。

感覚と分析を重ねあわせれば仕入や在庫管理のあり方が見えてくる。売れ筋・死に筋が見えて、トレンドが読めるはずだ。この問題解決の手順を店がマスターすれば自信になる。「sense of efficacy が得られる」とマリコは授業で学んだ言葉をつぶやいた。そうすれば自分がいま感じているようなワクワク感を持てるのではないか。モチベーションが上がる。やってみたいという気になって自ら動きだす。

――最初のポイントは、何を重要な差として認識するかだ…、マリコは頭の中で反芻した。しかし、「重要な差は何か?」なんて直接的な訊き方をしても議論が発散するだけになる。いま会社にとって最重要課題はキャッシュフローの改善だが、店でのワークショップにその話を持ちだしても意味がない。K指数でいい。

それにしても、要素に分解して大きい方から見ていくという方法はいろいろ使えそうだ。マリコは万能薬を発明したような気分になった。**差の原因を「なぜ?」と問うのではなく「どこで?」と問う方が具体的な思考になる。**

ここまで来て、これは要するに80:20の法則として知られているパレート分析をしているだけだ、とマリコは気づいた。ちょっとがっかりしたが、しかし、そういう説明をすると店ではかえって嫌厭《けんえん》されてしまう。それよりも一緒にやってみて「これ役に立つ!」とまず実感させる。理屈ではなく、やってみて、感じてもらう。解説は聞きたいという空気になったときにやればいい。そう思い直して少しスッキリした。

寝る前に息子の寝顔を見に行った。この方法は、この子の教育にも使えそうだと息子の小さな鼻先に人差し指を当てると思わず顔が緩んだ。

計数管理力を養うワークショップ

5月のゴールデンウィークが終わり、忙しさも一段落した。今年は天候不順で、そのせいか郊外に出る人が少なく、その分モールがにぎわった。

この月の21日の月曜日に六回目のワークショップが開かれた。テーマは計数管理力。たぶん店舗では嫌がられる。

いつものように9時少し前に店に着くと、久保英明が先に来て入口の前に立っていた。使いこまれたオルトリーブのバックパックを背負ってケータイをのぞきこんでいる。(アウトドア派なんだ、意外!)と思った。

「おはよう!」と後ろから声をかけると驚いてこちらを向く。(やっぱり、らしいな)とそのぎこちない動きを見てマリコは思った。

久保を伴って店内に入るといつものコーナーに九人のスタッフがいた。ずぬけて背が高い都築俊平だけが欠席。親戚の法事があるらしい。ワークショップの準備はすべて整っていた。

「今日は経理から助っ人として、係長の久保さんに来てもらいました」

マリコが紹介すると久保は小さな声で「お疲れ様です」と挨拶した。彼は本社から出ることはほとんどなく、この店に来たのもはじめてだった。小さな拍手に少し照れた顔を見せた。

バッグからパソコンを取りだすとプロジェクターにつなぐ。映しだしたスクリーンの画面を不器用に調整し、「始めていいですか？」と訊かなくてもいいことを訊いた。みんな久保の準備が終わるのを待っているのだ。

「今日はいつもと違って、データを使いながら分析をします」

マリコが口火を切った。

そのためにパソコンを使う。事前に全員にノートパソコンを持ってくるように指示していたが、いまこうして見るとパソコンを持っているのは五人しかいない。

「久保さんがスクリーンでデータの扱い方を見せてくれますが、それを見ているだけではダメです。自分の指でキーボードをポチポチでもいいので叩いてみないと、身につきません」

マリコは、全員がパソコンを触れるように席替えをうながし、ほぼ二人で一台のパソコンを共有するようにした。

「くり返し言いますが、これはパソコンの練習ではありません」

数字を使って考える手順を学ぶことが目的で、そのためにパソコンを使う。データを引っぱってきて、どう見たら何が見えるか、そういうことを実感することが重要です、と趣旨を丁寧に説明した。

「在庫回転数」は目利きの指数

「みなさん、福岡天神の楠元店長を知ってますよね」

マリコは、つかみとして用意していた話題を放った。

楠元彬は、最も社歴の古い社員の一人で誰もが知っている。鹿児島県出身で、東京にも20年ほどいたはずだが訛りが抜けない。朴とつとした人柄でみんなから好かれており、面倒見が良く仕事面ではリスペクトされている。職人肌で、その店舗運営もたぶんに勘と経験でやっている、と誰も疑わない。

そこに「その楠元さんが、K指数というのを毎月計算して店舗運営に活かしています」とやったので「何それ?」という好奇の眼が集まった。(計算通りだ! こういう演出は、昔の自分にはできなかった)と思うとマリコは嬉しくなった。

先日自分が名づけたK指数を知っているはずがない。本人の楠元も聞いたら驚くだろう。マリコがK指数について説明し、久保がスクリーン上でパソコンを操作して天神店のK指数を計算して見せる。

〈0・96〉

話の通り0・8～1・2の間に収まっている。それを見て興味が盛り上がるのを確認したマリコは次に進めた。

「いま久保さんがやったように港北店のK指数も計算できます。やってみましょう」

「どうすんの」「どうすんの」という声が聞こえてくる一方で、牧野、横川、そして副店長の三浦可奈子の三人は黙ってパソコンを操作している。

「できました」横川が手を挙げた。その横には店長の山川潤が座っていて、画面を見ながら少しのけぞっている。

「いくつになりましたか？」

「0・26です」

「低いですねぇ」

簡単に言えばK指数は、売上÷在庫だから、この値が低いほど在庫回転が悪いということになる。同じ在庫で少ししか売れないということだ。

「天神店の三分の一以下ということか……」山川がつぶやくのが聞こえた。

「ほかの店がどの程度かも気になりますよね」マリコは参加者の頷きを確認して「どの店を見たいですか？」と質問した。

久保は、マリコの話に同期するようにスクリーンに新しい表を映しだし、〈店舗名〉〈売上目標値〉〈月末在庫〉〈K指数〉と横方向のセルに書きこんでいった。〈店舗名〉のすぐ下のセルには〈港北店〉、その下に〈福岡天神店〉と入れて、比較する店名を待つ。

〈名古屋店〉〈青山店〉〈仙台店〉〈札幌店〉と声が上がった。

「ほかにもあると思いますが、このくらいにしておきましょう」

マリコは、挙げられた4店舗の今月の売上目標値と先月末の在庫を、サーバーにアクセスして引きだすように指示した。

また「どうすんの」という声が聞こえてくる。久保は五台のパソコンを順番に覗きこんでは、わからないところを丁寧に一つずつ教えていく。

全ペアが数字をサーバーから引きだしたのを見計らって、〈売上目標値〉と〈月末在庫〉の値を読み上げてもらい、久保がそれをスクリーンに映しだした表に書きこんでいく。すると、その右のセルにK指数が自動的に出てきた。合間を見て、久保が計算式を埋めこんでいたのだ。

港北店：0・26　福岡天神店：0・96　名古屋店：0・78

青山店：1・04　仙台店：0・42　札幌店：0・16

5月のK指数はもちろん1年の平均ではないが、仮にそう仮定すると、福岡天神店の場合、0・96の12倍で年に11・52回転という計算になる。一方、港北店は0・26の12倍だから3・12回転。札幌店に至っては年に2回転しない計算になる。久保は出てきた数字を見ながらそういう説明をした。

久保の説明に店員は無表情で答えた。

「在庫の回転がいいということは、仕入れたものがすぐに売れているということですよね。**つまり商品の目利きがいいということ**です」

マリコはできるだけ店員に響きそうな言葉を選んだ。数字を扱いなれている人間にとっては「在庫回転」と言われれば、それだけでピンと来る。世の中的には当たり前の言葉かもしれないが、うちの店ではそれでは伝わらない。在庫回転を良くすることは会社としては善だが、店ではそうは思われてはいない。そういうことをしっかり踏まえて話さないと伝わらない。

コミュニケーションとは伝えたことではなく、伝わったこと。同じ言葉が立場によって違う意味に解釈されることから生まれるコミュニケーションギャップをこれまでに何度も見てきた。社長の言葉や、会社の方針がうまく響かないのもたぶん同じ原因なのだ。

要素に分解してみれば、原因が見つかる

「この天神店とみなさんの店のK指数の差がどこから来ているか、気になりませんか？」ゆっくりと全員の顔を見まわしてみた。全員の頷きは見えたが、それ気になるっ！という熱意のようなものは感じられない。

「この差の原因を知るためには、どうしたらいいと思いますか？」

今度は一人ずつと眼を合わせていく。全員が視線をそらして訊かないでくれというメッセージを発した。

「**原因を見つける基本は、要素に分解してみること**です」

これ、覚えておいてください、とマリコは笑顔をつくった。

「大分類レベルに落としてK指数を見れば、どの大分類で差が生まれているのかがわかります。やってみましょう」

ここで久保にバトンタッチした。

画面には商品の売上を七つの商品群（フォーマル、カジュアル、スポーティ、コンフォート、アクセサリー、パーツ、その他）に分類した表が映されていた。この分類ごとに売上と在庫を店ごとに見ることができる。

「いまからこの表をつくってもらいます。簡単です。お配りしたUSBメモリーの中に表計算ソフトのファイルが一つ入っています。それを開いてください」

久保がサーバーからダウンロードしてきた店舗ごとの売上と在庫のデータだ。もちろん店からアクセスできるが、万一、回線がダウンしていればワークショップができなくなる。そのために昨日のうちにUSBメモリーに必要なデータを久保がダウンロードして人数分用意していた。マリコは、自分にはない久保の用心深さに感心した。

久保の説明はもたもたして決してうまくない。しかし、同じことをくり返し訊かれても、とんでもない間違いをしても嫌な顔一つせず、参加者が納得するまで、その理解のスピードに合わせて一つひとつ丁寧に説明していった。

スタッフは「オーッ」「ウヘー」と歓声を上げながら、慣れない表計算ソフトを操作し、その機能と出てきた数字に驚きの声を上げていた。自分の指先で数字を動かし、それでいろいろなことが見えてくる、そういう実感を得つつある。「みんなこういうことを求めていたのだ」とマリコは少し嬉しくなった。

事前に見ていたように、K指数が悪い最大の原因が、動きの悪いフォーマル、コンフォート、スポーティの在庫を抱えすぎていることにあることを、全員がデータを操作して自らの手で確認した。

「数字より感性だ！」それが店の価値観だとマリコは思っていた。しかし、どうやらそれは間違っていた。数字を読めるようになりたいが、どうしたらいいかわからない。それだけだった。

副店長の三浦可奈子の意見で、大分類の中のスポーティを取り上げて要素分析を進めてみようということになった。価格帯別の売れ筋が見え、メーカー別の特徴も見えてきた。福岡天神店と比べてみると、店による売れ筋の違いはほとんどないこともわかった。在庫のあり方を変えて、10月から議論してきている店の特徴の「見える化」を進めれば、港北店でももう少し売れるのではないか。

「この過剰な在庫を平日限定のセールみたいなことをやって処分したらどうでしょう。課題になっている平日の集客を増やせるし、その後は在庫構成をカジュアル中心にすればいいですよね」

三浦が急にマリコに質問した。

「それはみなさんが決めることです。私に訊かれても…」

マリコはニッコリと微笑みながら、温かくつき放した。

「でも、そうすれば平日の売上を増やしながら在庫の質をよくできますよ。きっと！」

まるで何かが降りてきたように三浦可奈子は興奮して、くり返しマリコの同意を求めた。

この短い時間でできた要素分析はたいしたことはない。それでも久保を巻きこんで行った今回のワークショップには、想定をはるかに超えた反応があった。（要素に分解して大きいものから並べてみると差の原因がわかる）という方法に、これならできそうという手応えをみんなが感じているのがマリコにもわかった。

一言チェックアウトで、「もっとやりたい」「使えそう」「問題点がわかった」といった前向きの感想がこれほど出たことはなかった。やり残したことはたくさんあるが、ここで終わっても、自主的にこのやり方で分析して改善点を見つけていきたいという熱意をマリコは感じていた。

一番変わったのは自分

店は感覚を重視する。分析は嫌がられる。そう考えていたが、とんでもない間違いだった。彼女たちは、むしろどうすれば数字が読めるようになるのか、知りたがっていた。

自分の思いこみに気づくのは難しい。やっぱりやってみるまで、なかなかわからないものだ。ビジネススクールの課題として半年以上前に始めたワークショップ。その課題は3か月前の発表会で終了して単位は取れた。今回の計数管理力のワークショップは当初の予定にはない。

いままでの自分なら、ここまでやっていなかった。そうしなかったのは、店に入りこんでワークショップをやり、本社の会議で会社の問題を聞く。そのギャップから来る違和感を捨てきれなかったからだ。

いや……、違う——、と心の深いところでささやく声が聞こえる。それだけだったら、以前の自分なら行動を起こしていなかったはずだ。自分が変わったのだ。半年に及ぶ一連のワークショップを通じて、一番変わったのは自分だ、とマリコは思った。

「どうだった?」

店を出て駅に向かってモールの中を抜けていく途中で、横を歩く久保に顔を向けてみた。

「疲れました……」

いかにも疲れたァ、という声にマリコはクスっと笑いを漏らした。

「ご苦労様」とねぎらうマリコの声には(やってよかった……)という晴々とした気持ちがこもっていた。その充実感に気づいた久保も眩しそうに頷いた。

Story 8

戦略を実行につなぐもの

不況は事業統合のチャンス

5月の連休の終わりとともに来店客は激減した。弱い需要に変化の兆しはなく、そのまま梅雨期を迎える。九州や中国・四国地方では大雨による土砂崩れと洪水で何人もの死者が出るほどの被害をもたらしたが、関東圏では雨はほとんど降らず、空梅雨になった。猛暑が予想されていた夏は、ときおり霧雨が降る曇天が続く。何十年に一度という異常気象。それが毎年起こる不思議な天気が続いていた。消費行動へのマイナスの影響は小さくない。

ワンダーXが何とか営業黒字を維持できたのは5月までで、その後はついに赤字に転落してしまった。

――ここにいくら自分の時間を使っても変化を生みだすことはできない……。鯨岡はそう見きわめ、日々の経営（オペレーション）からすっぱり手を引くことに決めた。キャッシュフローの管理や販促活動、仕入のコントロールを専務の杉山義男と営業本部長の須藤哲夫に任せることにした。

――ここから抜けだす戦略的な課題に自分のすべての時間を使う……。その課題とは、M&Aによる成長戦略の実現だ。

以前、役員会に諮ったが賛同は得られなかった。しかし需要が落ちこむ中、落ち目になっている企業は増えている。その中からめぼしい会社を選んで買い叩く。買収後の統合化（PMI）の過程で重複機能を整理する。ここで行うレイオフには正当性がある。こうして市場カバレージを拡げ、コストダウンを進めて市況の回復を待つ。需要が戻ればグッと一気に業績は回復、いや飛躍し、業界ナンバーワンに躍り出る。

――来年の後半からか、遅くても再来年の前半には回復するはずだ……。商品のライフサイクルから見て市況の回復まであと1、2年と鯨岡は読んでいた。そのころに買い替え需要が戻ってくる。

資金に余裕はないから成功報酬型のM＆A仲介業者を雇い、より広範な視点からのターゲット企業の調査とアプローチを依頼した。自らもそういう企業への接触を積極的に行う。非協力的な銀行や創業家に漏れると妨害工作をされかねない。社内での情報共有は専務の杉山に限定し、ファンドにはときどき進捗報告と称して相談に行った。ターゲットにしている企業の売却意向がはっきりし、買収価格のレベル感、シナジーの大きさが数字で見えてくれば、ファンドの投資委員会も考えを変える可能性がある。

「我が社の経営も厳しいが、他社はもっと苦しい。買収対象になる企業はさらに増えています。不況は、競合をふるい落とすチャンス。我々がカバーできていない地域のところを安く買うことが、この戦略のキーポイントです」

この日も、丸の内にあるファンドのオフィスを訪れた鯨岡は、地方にある具体的なターゲット企業名を挙げて担当の茂木智子に報告した。茂木は、いつものように白のブラウスに黒のジャケット姿で姿勢よく座り、感情を抑えた表情で熱心に聴き、要所要所で質問をしながら、こまめにメモを取った。ファンドは経済合理性で動く。鯨岡は、そこに期待をかけていた。

港北店の異変

こうして半年ほどの時間が経ち10月になった。天候不順の影響なのか、これまで回復の気配はまったく見えず、業績は、悪かった昨年をさらに下回る気配だ。東京の青山店、福岡の天神店、名古屋の栄の新店というワンダーXのトップ3店舗ですら、5月以降、前年同月比割れが続いている。

「これで18か月連続か……」

営業本部長の須藤哲夫は、部下から上がってきた売上データを見ながらため息をついた。売上が前年同月比でマイナスになって1年半続いている。あと2日で10月も終わるが、今月も昨年同月の売上を大きく割りこむことは確定的だ。しかも63店舗のすべてが前年割れを記録している。やれることはすべてやってきた。これだけやってもダメなのかと思うと心が折れそうになる。

――あと2日ある。その間に、昨年実績を超える可能性のある店はないものか……。あったからといって、どうということはないが、自分を慰める何かがないかとパソコンの画面上で視線を走らせていると、ある店舗の数字が目に留まった。

港北店⁉　須藤は一瞬自分の眼を疑い、もう一度データをよく見たが、去年の10月の売上にあと2パーセントに迫っているのは港北店に違いなかった。他店は、どこも10パーセント近く落ちこみ、残り2日の平日では取り戻せる可能性はない。しかし2パーセントなら可能性はある。

――ダメ店舗が、優良店をしり目にここまで来ている……⁉

「本当か？」

すぐに担当の工藤恒夫を呼びだし、何が起こっているのか問いただしたが、いつも通りで何も変わったことはないという。

「たまたま？　そんなことがあるだろうか…？」

10月の最後の2日、港北店は平日にもかかわらずしっかりと売上を立て、この店だけが、わずかながら昨対を超えてきた。それから1か月余り経って11月分の売上集計が出てきた。この月も港北店だけが昨対を超えてきた。

「何かが起こっている。間違いない！」

須藤は確信した。

オペレーションを任せっきりにしていた鯨岡も、この週の幹部会で港北店の数字に気づいた。

「私も同じことを感じておりまして、いま調査中です。わかり次第ご報告します」

須藤の答えに、鯨岡は納得しなかった。

2年半前、自分がこの会社の社長に就任したとき、港北店は後ろから数えた方が早い劣等店だった。そのことははっきり記憶している。その店が2か月続けて昨対を超えてくる唯一の店になるには必ず何か理由がある。

「何かあるはずだ。早く調べろ！」

鯨岡は、藁をもつかむ思いで急きたてた。

「もちろん私も気になって調べているのですが……」須藤はいま閃いたことを口にすべきかどうか一瞬ためらった。

「唯一あるとすれば……」

「あるとすれば？」

「1年前にやった南里のワークショップぐらいです」

「！」

この半年、自ら掲げた事業買収による成長戦略と株主や銀行対応に忙殺され、すっかり南里マリコのことを忘れていた。

「あれはいまもやっているのか？」

「やっていないと思います」

須藤は、マリコの上司の人事部長、辛島仁慈を横目でうながした。

「須藤本部長がおっしゃる通りです」

「南里はどこにいる？」

「たしか今日は静岡店に行っております」辛島はいつものようにとり澄ました公家顔で答えた。

「港北店で行っていたワークショップは、5月に終了しておりまして、南里係長は、その後もちょくちょく店には顔を出しているようですが、ワークショップは行っておりません」

——自分の眼で見ないとわからん……。鯨岡は、午後の予定をキャンセルして、港北店に見に行くことにした。

社長来店

「月に一回ぐらいですが、やってます」

港北店の店長、山川潤は突然やってきた社長の質問にオドオドしながら答えた。全員が揃う日曜日、閉店後に1時間ほどワークショップスタイルのミーティングをやってから、近くの居酒屋にみんなで行く。

「あの、残業じゃありません。終電には間にあうようにしています……。割り勘で…。私がちょっと余分に出して」

山川は訊かれてもいないことまで口にした。

「南里係長のワークショップはもうやっていないのか?」鯨岡は重ねて訊いた。

「係長には半年ぐらいですか…、今年の5月ぐらいまでお世話になりまして……。毎回3時間ぐらいやりまして、いまから考えるとよくつきあってくれたと思います」

その打上会をきっかけに、月に一度はみんなが揃う日曜日の夜に1時間ぐらい話しあいの場を持とうということになったのだという。自主的な活動だ。

自分のちょっとした気づきが店舗に反映され、それが売上につながる、そういう体験がきっかけになり、この活動が続いていると山川は説明した。

「あとは……」

「まだ何かあるのか？」

「はい、すみません」山川は大きな身体を腰のところで曲げペコペコとお辞儀をくり返すような動作をした。「スタッフエリアで、弁当を食べながらときどき話しあうようになりました」

マリコのワークショップのあと、選ばれるためにはどうすればいいかというアンテナを全員が立てて生活するようになり、気づいたことをオープンに話しあうようになった。休憩エリアにある気づきボードの前で、休憩中でも店員の間で仕事に関する話しあいをすることが増えたという意味のことを話した。

山川は、はじめて一対一で話す社長への説明で汗だくになっている。

「あそうだ！」店内を歩く鯨岡につき添いながら、また一つ思いだした。「6月からMMマトリックスというのを見ながら仕入を厳選するようになってます」

「何だそのMMマトリックスというのは？」

「Minamizato Mariko の頭文字です」

「？」

「ご覧になりますか？」と先に立って社長をスタッフエリアに連れていく。大学のクラブ活動の部室を思わせる汚い一角に、鯨岡ははじめて足を踏み入れた。

「これです」

底の抜けたソファーの前に立つと、山川は壁に貼られた模造紙を指さした。その上に商品名が書かれた数十枚の色とりどりの付箋が貼られている。よく見ると模造紙には薄く縦軸と横軸が描かれている。縦軸は期待売上、横軸はユニーク度。右上のコーナーは期待売上が高く商品のユニーク度も高いということになるのだが、そこにはあまり付箋がない。

「以前は、私と調達部長の大山さんとで話しあって、何を仕入れるのか決めていました。いちおう他の店員からヒアリングはしてましたが、参考にする程度で、基本的に二人で決めていました」

「それで？」

「いまは、全店員がお客さんの反応を見ながらこのマトリックスに気づいたことを貼りつけて、毎週話しあって仕入を決めています」

バイトの子も一緒に、と山川はつけ加えた。

6月から始めて、はじめは頼りなかった。やっぱり自分と大山部長だけでやった方がいいかなと思ったが、やりだすと店員の眼の色が変わって、短期間にレベルが上がってきて品揃えが変わってきた。

「それにみんなの売ろうとする熱意が強くなりまして、やっぱり自分で仕入れたからですかね。

図表5　MMマトリックス

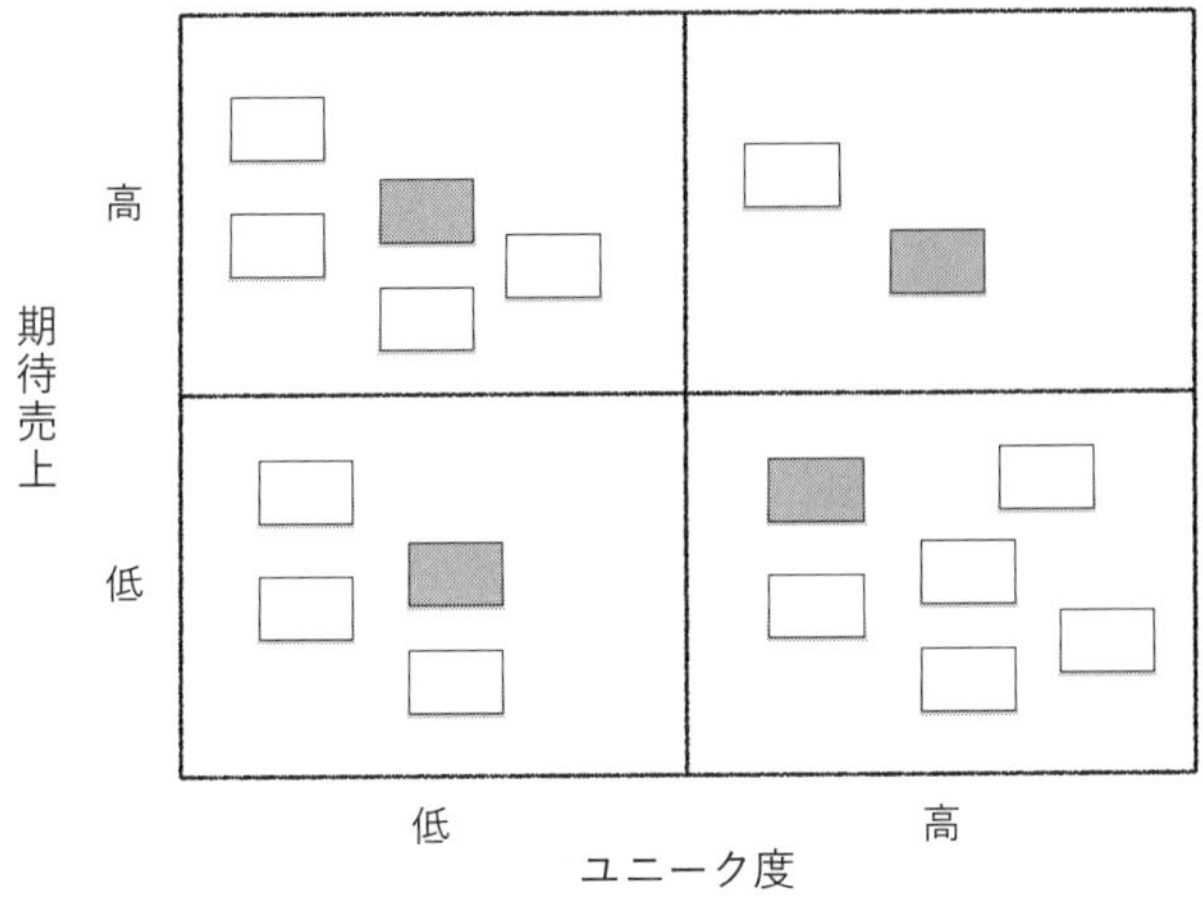

数字ではわかりにくいかもしれませんが、他にないユニークなものがあるということでリピーターも増えています」

たしかに、CSカードを注意深く読めば、そういうコメントが散見されるようになっている。

「K指数も良くなってます」

「何だそれは?」

「えっ、社長はご存じないのですか?」

意外な社長の反応に山川は少し驚いたが、手短に説明した。

接客も良くなってきた。自分たちでいろいろな店に行っては観察し、押しつけ的でないコンサルティング接客ノウハウをみんなで話しあうようになって変わってきた。

飲み会で出たアイデアで、店の電球のワッ

ト数を少し上げて店が明るく見えるようにした。店の特徴がわかりやすくホームページ上で見えるように、動画やイラストを増やした。ブログの内容も充実してきたので、この3か月でページビューが倍増している。そういう小さなことの積み重ねが効いているという実感をみんなが得ているので、モチベーションがすごく高いと店長は嬉しそうに説明した。

「12月は予算いきますので、報奨金よろしくお願いします」

山川の説明を一通り聞いてから鯨岡はもう一度店内を歩いてみた。そう言われてみると、どことなく以前よりあか抜けているような気がする。以前より通路幅が広くなり、歩きやすい。ディスプレイのセンスも良くなっている。店在庫は明らかに減っているが品薄感はない。むしろ適度な空間が演出されていて趣味の良さを醸しだしている。何が？　と言われても一口ではなかなか言えないが、オシャレな高級感を感じる。鯨岡はうなった。

動きだす「はずみ車」

2年半前に社長に就任して以来、お客様第一、お客様の視点で商品を厳選しろ、リピーターを増やせ、と店長会議のたびに叱咤してきた。今年に入ってキャッシュフローが厳しくなり、それを乗りきるために仕入を抑制してきた。この仕入抑制に対しては各店から強い反発があった。

魅力的な商品を十分仕入れられないというクレームだ。その仕入制限を律義に守って陳列商品がみすぼらしくなり、売上を大きく落とした店もある。悪いダイエットのように、食事制限して体重を減らしたのはいいが、基礎代謝まで落ちて、活力がなくなってしまったようなものだ。しかし、思い返してみるとこの半年、この港北店からはそういう反発を聞いた覚えがない。なぜかこの店では、仕入制限を守りながら活気を取り戻している。このエネルギーはどこから来るのか？

「それは南里のワークショップのせいなのか？」（…あのかしこマリコの？）

鯨岡は改めて訊いてみた。

「マリコさんのおかげです。いまも月に一、二度は遊びに来てくれます」

いつの間にか横に来ていた副店長の三浦可奈子がニッコリと頷いた。

（須藤は何をしているんだ！）鯨岡は心の中で罵声を上げた。店を統括している営業本部が気づかない間に、人事部の南里がやったワークショップの方が実績を上げている。いや、気づいてはいたが、縄張り意識から無視していたのか……、鯨岡は少なからずショックを受けた。

翌日、静岡から戻った南里マリコを呼びだし、社長室で詳しく話を聞いた。鯨岡は、緊張してうまく話せないマリコをほぐすように時間をかけじっくりと耳を傾けた。

ときどき「こういうことかな？」と質問を交えながら静かに聴き入り、表向きは平静を保っていたが、鼻っ面に強烈なパンチを食らったような衝撃を鯨岡は感じていた。

――囚われていた……。下降線をたどりつづける売上、協力を渋る銀行、その融資の停止で一歩間違えば即倒産という状況に陥った資金繰り、創業家との関係悪化、ファンドの様子見姿勢。こうした問題に目を奪われ、見ているつもりだった現場が見えていなかった。そのことに改めて気づかされたのだ。

話は3時間ほど続いた。

「ありがとう」鯨岡の声はかすれていたが、マリコはそこに誠意と決意のようなものを感じた。

「君には、これからもう少し手伝ってもらわないといけないいな」

「あの…、それはちょっと……」

マリコは家庭の事情と大学で勉強していることを話した。

「君のワークライフバランスには配慮する。手伝ってほしい。この会社を良くするために…」

本社が求めてきた店舗の特徴の明確化は、方向としては何も間違ってはいない。ただ指示や叱咤するだけでは組織は動かない。マリコがやったようなワークショップを横展開して、店舗スタッフが仕事に意義を感じ、自ら考え工夫を続けるようになるまでしっかり話しあう時間をとらなければならなかったのだ。——時間はかかるが、それしかない……、と鯨岡は決心していた。

幸い、南里によれば、彼女がやったようなファシリテーションができそうな人材は社内に何人かいる。それを南里の監督のもとに動かしてワークショップを全社的に展開することにした。

さらに、彼が一人で考え進めてきた戦略についても、役員を中心にワークショップを行って見直すことにした。従来の役員会でくり返されてきた形式的な議論、意地の悪い批判とそれに対する答弁、志の低いディベートには飽きあきしていた。

いま会社が直面している危機を直視し、あるべき姿をしっかり考える。立場を超えて自分事として戦略を議論する。そういうワークショップを、以前やりたいと考えたことがあったが、仕切ってくれる適当なファシリテーターが思い当たらなかった。もちろんマリコには荷が重すぎるが、彼女の担当教授の大和田譲なら適任かもしれない。

そのアレンジはマリコが引き受け、戦略ワークショップは2か月後の2月中旬に実現した。社長の鯨岡雅夫を筆頭に専務の杉山義男、役員の金藤文也、社外役員の高松隼人、茂木智子はもちろん、営業本部長の須藤哲夫と人事部長の辛島仁慈もこのワークショップに参加した。ワークショップは毎日10時間を超え3日間続いたが、それでも決着せず、翌週もう1日追加された。相談役の金藤喬俊とメインバンクの只野昇一部長、そして小売業に詳しい高柳正教授も参加を要請され、部分的にではあるが議論に加わった。南里マリコともう一人、青山店の店長の森下倫子が、ファシリテーターの大和田のアシスタントとして参加した。

結論として、ネット通販に対抗できる長期的な小売り戦略は、オリジナル製品の提供しかないことが確認された。今日のように情報伝達の速い時代には、以前のように単に珍しいものを海外調達するだけでは、持続性のある差別化はできない。

ワンダーXは、これまでもオリジナル製品を企画・販売していたが、その売上比率は5パーセント程度でしかない。しかし、その経験は活かせる。ここを戦略的に強化し、他店はもちろん、大手のネット通販が扱えないオリジナル商品を企画・開発して提供する。そしてその価値を伝える実店舗と独自サイトのあり方は全店舗スタッフを巻き込んで磨き上げていく。

創業家も銀行も株主であるファンドも、これを基本戦略として了承した。新戦略実現に不可欠な人材の獲得と事業買収にも協力し、そのために必要な資金と情報の提供に応じることに基本合意した。

――すべての歯車がかみ合い、ようやく重いはずみ車が動きだす……。社長に就任して3年近い時間が流れ、ようやく空回りしていたものがかみ合いはじめた。窓の外を見ると、今年三度めの雪がちらついていた。その白く薄化粧をしはじめた路面に黒い足跡を残しながら、鯨岡は1年ぶりに銀座のバーに足を向けた。まだあの店はやっているだろうか……。

解説　「知的生産の技術」としてのファシリテーション

南里マリコの現場活性化物語、お楽しみいただけたでしょうか。ここからは、この物語を踏まえながら、ファシリテーションについて解説したいと思います。

ファシリテーションの難しさと面白さ

「はじめに」で、ファシリテーションはコンテクストなしにはわかりにくいと書きました。これは、言いかえればファシリテーションには**状況依存性**があり、かつ**状況固有性**があるということです（situation dependent, situation specific）。本書では、状況として店舗、つまり小売りの現場を選びましたが、同じ小売りの現場でも、参加者の反応や態度、ファシリテーターとの関係など、いろいろな要素によって実際のワークショップはずいぶん違ったものになります。

そういう意味で、ファシリテーションはスポーツや舞台芸能と似ていて、相手や客の反応、想定外の突発的な事態に臨機応変に対応することがファシリテーターには求められます。それが難しさですが、面白さであり、醍醐味でもあります。

その一方で、スポーツや舞台芸能にルールや筋書きがあるように、ファシリテーションにも、こういう展開で話しあいを進めようというシナリオがあります。**ファシリテーターは、そのシ**

ナリオを事前に用意しますが、状況に応じて臨機応変にシナリオを書き換え、柔軟に対応していくことが、限られた時間の中で、納得感があり、かつ合理性のある話しあいを導くためには不可欠です。

頭と感覚器のすべてを動員して考える

ファシリテーションにコンテクスト依存性があるということは、感情に左右されるということでもあります。感情は、その場の気温や湿度、照明や部屋の具合、色や音といった物理的な環境の影響を受けますが、なんといっても人から受ける影響には絶大なものがあります。

好きな友人、話しやすい人、知的刺激のある人たちとの間では、思いのほか話が弾み、時が経つのを忘れるということはよく経験することです。そういうときには理性的な思考も軽快に働き、新しいアイデアが生まれ、愉快で生産的な時間を過ごすことができます。

逆に、イライラしたり気分が乗らないと、簡単なことも理解できなかったり、考えがまとまらなくなります。こういう誰もが経験することからもわかるように理性的な思考は感情（気分）の影響を大きく受けます。

最近は、身体も思考に影響することが科学的に証明されるようになりました。歩きながら考えることを好む哲学者、立って原稿を書く作家、黒板を愛用する数学者など、私たちは経験的にそのことを知っていますが、軽作業をしながら考える方が脳の血流が活発になることが認められるようになってきたのです。

ファシリテーションは、関係者を集め、話しやすい場を提供し、口だけではなく、立ち上がり、手を動かして描いたり、壁に貼って並べ替えたりと身体を動かしながら話を進めます。休憩も重要視します。それは単に頭を休める時間ではなく、違う見方、新しい発見をする機会として重視しているのです。そういう意味では、**脳と身体、感覚器のすべてを動員した全脳的な知的生産の技術**だと言っていいでしょう。

ファシリテーターに求められる思考の技術

ファシリテーターには、参加者が納得する思考のプロセスを構想し、実施するスキルが求められます。本書では、大学で学びながら南里マリコがそれを実践したわけですが、そのポイントを以下のように整理しておきたいと思います。

●ゴールを常に意識する

- 話しやすい状況を維持する
- 時短型アイスブレークとしての「思いだし」
- 具体論と抽象論の往復
- 良いアイデアが出ないときの原因と対処法
- 収束の技術
- 「場外」のアイデアを拾う

順番に見ていくことにしましょう。

技術① ゴールを常に意識する

思考の自然な姿は自由連想だと思います。人の脳は、1000億個のニューロン（細胞）が150兆ものシナプスでつながれたネットワークからできていると言われており、思考は、その巨大なネットワークの中のメッセージのやり取りとして構成される。そこで起こる偶発的なつながりが自由連想。その自由連想にある種の制限を加えることで、論理的な思考や感覚的な思考ができるのではないかと思います。

自由連想で考えるということは、話があちこちに飛ぶということです。たとえば関心が細部に向かうと、そのまわりに思考が集中して、ゴールとは関係ない方向へと話が展開してしまいます。それは脳の構造から考えれば自然なことです。

だからでしょうか、ゴールは気にせず、意識をすべて目の前のことに集中して、思うがままに話に没頭できると実に楽しい。そして熱中していた話が終わると、「ところでいま、何のために話しあっているんだっけ？」と、まるで夢から覚めて、一瞬道に迷ったような気分になることがあります。

そういうときに、「今度はこちらについて話しあってください」とファシリテーターがゴールへの道筋を示してくれると大いに助かります。問題解決には、細部にまで深く突っこんだ議論が不可欠ですが、そのために大きな流れを見失うと答えが得られません。そうならないように、ファシリテーターは細部の議論を意識しながらも常に全体を俯瞰し、ゴールへの流れをガイドするという役割を果たすのです。逆にそういうファシリテーターがいると安心して議論に没頭でき、楽しいものです。

ファシリテーターは、ゴールを見失わないために自分の意識が細部に集中してしまわないようにしないといけません。しかし当事者に近ければ近いほどそれは簡単ではなく、内容に知見のある「外部の人」がファシリテーターとして適任と言われるのはそのためでもあります。

物語の最後に、**鯨岡が1日10時間×4日にわたる戦略ワークショップを行うシーンが出てきましたが、こういう議論をファシリテーターなしに行うのはほとんど不可能です。**逆にいいファシリテーターが育っていないため、こういうレベルの高いワークショップがなかなかできないというのが日本の残念な現状でもあります。

ところで、世の中にはゴールが曖昧なミーティングが意外とたくさんあります。ファシリテーターの仕事はミーティングのゴールの確認から始まりますが、確認してみると、ミーティングの必要がないということもあります。ゴールを確認し、意味のないミーティングをやめることも、ファシリテーターの重要な役割です。

ファシリテーションが（掛け算の九九や文字のように）社会のインフラとして定着していくと、不要なミーティングも減っていくのではないかと期待しています。

技術②　話しやすい状況を維持する

自己主張が強い、しゃべりたい人が多いアメリカなどでは、ファシリテーターの苦労の一つは、いかにおしゃべりをコントロールしてゴールに向かわせるかですが、日本ではその逆で、いかに口を開いてもらうかが大きな仕事です。

この両方の場合に威力を発揮する便利な方法があります。それは「グランドルール」と「話す前に書く」というやり方です。

何だグランドルールか、と思われる人がいるかもしれません。たしかに、この10年でずいぶん知っている人が増えましたが、実は使っていない人がほとんどでしょう。つくるのに要する時間は10〜15分程度ですが、貴重な会議の時間の中で、これだけの時間をグランドルールづくりに使うのはもったいない。あるいは面倒だと思ってしまうからです。その気持ちはよくわかりますが、話しやすい状況を維持するためには、想像以上に有効な方法なのです。

なぜ有効なのか、その理由を二つお話ししておきましょう。

まず、グランドルールをつくるプロセス自体に場の空気を変える力があります。「へーぇ、こんなことするのか」「いつもと違うな」という参加者の気持ちが「空気」を変えるのです。

二つ目に、グランドルールをつくって壁に貼っておくと、違反者が出てきたときに「ほら」と指すだけで簡単に状況をコントロールできます。「否定は慎んでください」と口頭で注意すると角が立ちます。それを嫌ってついつい放任してしまうというのはよくあることですが、そうすると声の大きな人が支配する場になってしまいます。書いてあれば、それをそっと指すだけで伝わります。自分たちでつくったルールですから、反論の余地はありません。

ファシリテーターたるもの、参加者がつくったグランドルールをしっかり頭に入れておいて、うまく活用したいものですが、ファシリテーターがグランドルールを忘れて議論に夢中になっているのをときどき見かけます。注意したいものです。

さて、いろいろな場でファシリテーションを利用してきた私の経験から言うと、グランドルールには同じようなものが多く、次の七つで90パーセント程度をカバーすることができるように思います。

●否定しない（よく聴く）
●全員参加（必ず話す）
●楽しく（笑う）
●忖度しない（遠慮しない、言うべきことを言う）
●ほかの人のアイデアに乗っかる
●プラス思考（未来志向）
●「難しい」「できない」と言わない

見方を変えれば、この七項目の逆（たとえば「すぐ否定される」「遠慮しろ」）が「空気」と言われるものの正体と言えるでしょう。

もし何らかの理由で参加者がグランドルールをつくれないようであれば（たとえば一〇〇人を超えるような大きな集まり）、この中から三つ選んでたたき台として利用するのも一つの方法です。

ファシリテーターがグランドルールを指定する場合には、「それは、あなたがつくったルールだ」と参加者から言われないように、しっかりと参加者の了解をとってから議論を始めることが重要であることは言うまでもありません。

「話す前に書く」アプローチはこんなに役立つ

この物語には、付箋を使っていったん意見やアイデアを書いてから議論をするという場面がくり返し出てきました。これは一見手間なようですが、想像以上に全員の意見を引きだすのに有効で、実は私もよく使います。

たとえば、先日ある大学で講義を行ったときのことです。受講生が四〇人ほどいたので、質疑の時間に、手を挙げるのではなく、まず付箋に質問を書いて壁に貼ってもらいました。マリコがやったように「同じものは縦に、違うものは横に」というルールで、書いた人たち自身の手で付箋を整理してもらいます。

すると横に二〇枚ほどの付箋が並び、縦には多いところで一〇枚以上の質問が並びました。

つまり二〇種類ほどの異なる質問があり、その中には一〇人以上が同じ疑問を感じているものがあるということです。一枚しか付箋のないユニークな質問も数件ありました。このようにいったん書きだしてもらうと、視覚的にどんなことに関心の高いグループなのか、どれぐらい広がりがあるのかなどが、一目でわかります。

時間内にすべての質問に答えられるかどうかわからなかったので、参加者の了解をとって縦の枚数が多いものから順に回答していきました。そして、あと5分程で時間切れというところで一枚しかない数項目に来ました。このすべてに答える時間はなかったので、「これは答えてほしい！　というものがあれば？」と問いかけたのですが、そこは控えめな日本人、誰も手を挙げません。適当に二つ選んで回答して終えたところ、残った質問については講義のあとで質問に来られ、すべての疑問にお答えすることができました。

いったん書いてもらい、共有してから話を進めるというアプローチでは、ほぼ全員が何かを書いてくれます。集団心理が働くのでしょうか、ほかの人が書いていると、自分も書かなきゃという気持ちになるようです。**それを書きっぱなしにせずに、他の付箋も見て同じか違うかという単純な基準で縦横に整理してもらうことで、ほかの人と話しあい理解が進みます。**このように参加者が自分たちで付箋を貼り直すというのは重要な作業で、**これによって脳が活性化し、活発な全員参加をうながせる**というのが、この方法の一つ目の効用です。

二つ目の効用は、**いったん全体像が見えるので大局を見失わずにゴールに向かって議論を進めやすくなることです。**縦横に並んだ付箋をよく見ると、間違って整理されていることがよくあります。議論に誤解はつきものですからある意味で当然です。**細かい違いや分類にこだわると、大きな流れを見失います。細かな違いを気にするより、共通点を重視し、ゴールに向かって進む**というのが、ファシリテーションをするときの私の流儀です。

そして三つ目に、以上のように議論を進めると、参加したという満足感が高まります。納得感があり、コミットメントも高まるのです。

声の大小と発言の重要性には、あまり相関性はありません。書いて共有してから話しあうというやり方は、声の大きな人を牽制し、声の小さい人、手を挙げて発言する勇気のない人の参加もうながすので、小さな、しかし重要な意見をうまく拾い上げ、実現に結びつける効果的な方法なのです。

技術③　時短型アイスブレークとしての「思いだし」

2003年にNPO法人日本ファシリテーション協会を数名の仲間と一緒に設立しましたが、そのときに最初に行ったことの一つがアイスブレーク集をつくることでした。それが、その後も継承・グレードアップされて同協会のホームページに残されているので、関心のある方はぜひご覧ください。

https://www2.faj.or.jp/facilitation/tools/

さて、私の場合、時間制限が厳しいビジネスシーンでファシリテーションを行うことが多く、あまりアイスブレークに時間を使いたくないという気持ちがあります。

そこで、南里マリコが最初のワークショップで行った、『良い店』と聞いて、具体的にどこを思いだしますか?」という質問をアイスブレークとしてよく使います。これを「思いだし」アイスブレークと呼んでいます。

自分にとっての「良い店」には、正解とか間違いはありません。また思いだすという行為は、店を良くする方法を考えるよりはるかに簡単です。そういう気軽な話題について話しあうことが、アイスブレークとなって場をなごませる働きをしてくれます。

そして同時に、これが次の「良い店の特徴」「良い店とは何か」という難しい命題を考える**頭の準備運動にもなっています**。**一石二鳥になるので、「思いだし」ワークは、時短型のアイスブレーク**なのです。

「思いだし」アイスブレークの応用例

「○○と聞いて、具体的にどこを思いだしますか?」という問いかけは、いろいろな場面で応用できます。○○には、たとえば「尊敬される会社」「強いチーム」「学習する組織」「やる気になるリーダー」などいろいろなものを入れることができ、何にでも使えます。

たとえば社会福祉施設で、「家族からリスペクトされる職場づくり」のためのワークショップをやろうと考えたとしましょう。まず『家族からリスペクトされる職場』と聞いて、具体的にどこを思いだしますか?」とお題を出して書きだし、それについて気軽に話しあってみるところから始めればいいのです。

いきなり本題に入る前に、具体的にそういう会社やチーム、組織はどこだろうと考えてみると、チームとしてのアイスブレークになるだけでなく、より難しい問題に取り組む前の頭の準備運動にもなります。

そういう事例を一、二挙げておきましょう。

一つ目は、ある大企業の経営幹部が集まり、戦略を議論することになったときです。テーマは、事業を取り巻く環境変化を先取りして競争軸を変える、でした。競争軸を変えるというのは、教科書的にはリーダー企業ではなく、それにチャレンジしようとしている二番手、三番手が考えるべき戦略ですが、この会社は、世界的なリーダー企業であるにもかかわらず、自ら競争軸を変えて変化をリードしようとしていました。リーダーであることに安住していないところが流石《さすが》です。

そこで「リーダー企業が自ら競争軸を変えたケースを思いだしてください」というワークをはじめに行いました。そういうケースはたくさんありませんから、はじめはなかなか出てきませんでしたが、呼び水的に私の方から二つほど事例を紹介すると、あれもそうじゃないか、これもそうだ、とどんどん出てきて、その後の議論への足掛かりになりました。

もう一つはF1のようなレーシングカーを製作している会社の事例です。自動車好きが集まっており、レース前には月に200時間を超える残業も厭わない猛者《もさ》が集まっている会社です。好きでやっているとはいえ、さすがにこの残業時間は問題だということで、生産性の改善をテーマにワークショップが開かれました。そこで使われた「思いだし」は、当然『生産性が高い』と聞いて思いだすチームを書きだす」となりました。

ご多分に漏れず「トヨタ」「グーグル」「コンビニ」といった誰でも思いだしそうな企業に交じって、「新幹線の清掃員」「ラーメン屋の自販機」などが出てきて、参加者の笑いを誘い、一気に何でも話せるという雰囲気に変わりました。これがその後の発想に良い影響を与えたことは言うまでもありません。

人は連想で考える、と書きましたが、多くの創造的な活動の原点にアナロジー発想があります。「それを自分の場合に当てはめるとどうなるだろう?」という発想です。「思いだし」が単なるアイスブレークではなく、その後の議論に役立つのは、このアナロジー発想をうながすところにあります。まったく違うもの、たとえば「新幹線の清掃員」「ラーメン屋の自販機」の発想を自分たちの仕事に当てはめるとどうなるかな? と考えてみることから新しいアイデアが生まれたりするのです。

ブレストに役立つ時短型アイスブレーク

アイスブレークの話をしたついでに、もう一つ、その後の議論に直結する**時短型のアイスブレーク**をご紹介しておきましょう。

新しい技術的な解決策、新製品、コピー、何でもかまいませんが、何か新しいアイデアを生みだすための創造的なブレーンストーミングを行うときには「思いだし」よりクイズの方が役に立つことがあります。

たとえば、図の九つの点を、4本の直線の一筆書きで結ぶことができるか、といったような問いです。ちょっとご自分でも考えてみてください。この問題を解くためには、固定観念にとらわれずに視点を変え、考え方を柔軟に転換してみる頭の使い方が求められます。

図表6　9つの点を4本の直線で一筆書きするには？

「思いだし」がアナロジー発想をうながすアイスブレークだとすれば、このようなクイズは、頭の柔軟性を高め飛躍力をうながすアイスブレークと言えるでしょう。

そういうアイスブレークの私のネタ本は、多湖輝の『頭の体操』シリーズです。全23巻に2000問もの頭を柔らかくする問いが集められているので、ネタ切れになることはありません。

ブレーンストーミングの前に、この中から求められている発想の転換や思考の飛躍、視点の切り替えに役立ちそうな問いを3問程度選んでやってみる。すると参加者の目の輝きが変わり、身体の動きも活発になって抜群の効果を発揮します。そういうことを何度も体験してきました。

多湖先生は惜しくも一昨年（2016年）に亡くなられました。私はこの本の1966年の初版以来の愛読者です。文字通り私の発想力を鍛えてくれた恩人である先生に、この場を借りて哀悼の意と御礼を申し上げたいと思います。

技術④　具体論と抽象論の往復

私がワークショップをデザインする上で指針としていることの一つに、「具体論と抽象論の往復」ということがあります。

実は、先ほど書いた「思いだし」はその一つなのです。いきなり「どんな店舗コンセプトがいいか？」といった抽象度の高い質問をすると議論についてこられない人がいます。あるいは話しあっているように見えても、単なる机上の空論で、いつまで経っても具体論にならない、時間のムダということも少なくありません。

具体的な良い店を思いだす。そして、その店の何が自分にそう思わせているのか？　と抽象度を上げて考えてみる。その抽象思考で得られた答えを、今度は具体的に自分の店ではどうするのかと具体論に落とす。こういう具体論と抽象論の往復が、思考をうながす上で重要だと考えています。

コンサルタントや大企業の企画部門にいるような人たちは、言葉（ロゴス）を使った抽象論

図表7 具体論と抽象論を往復する

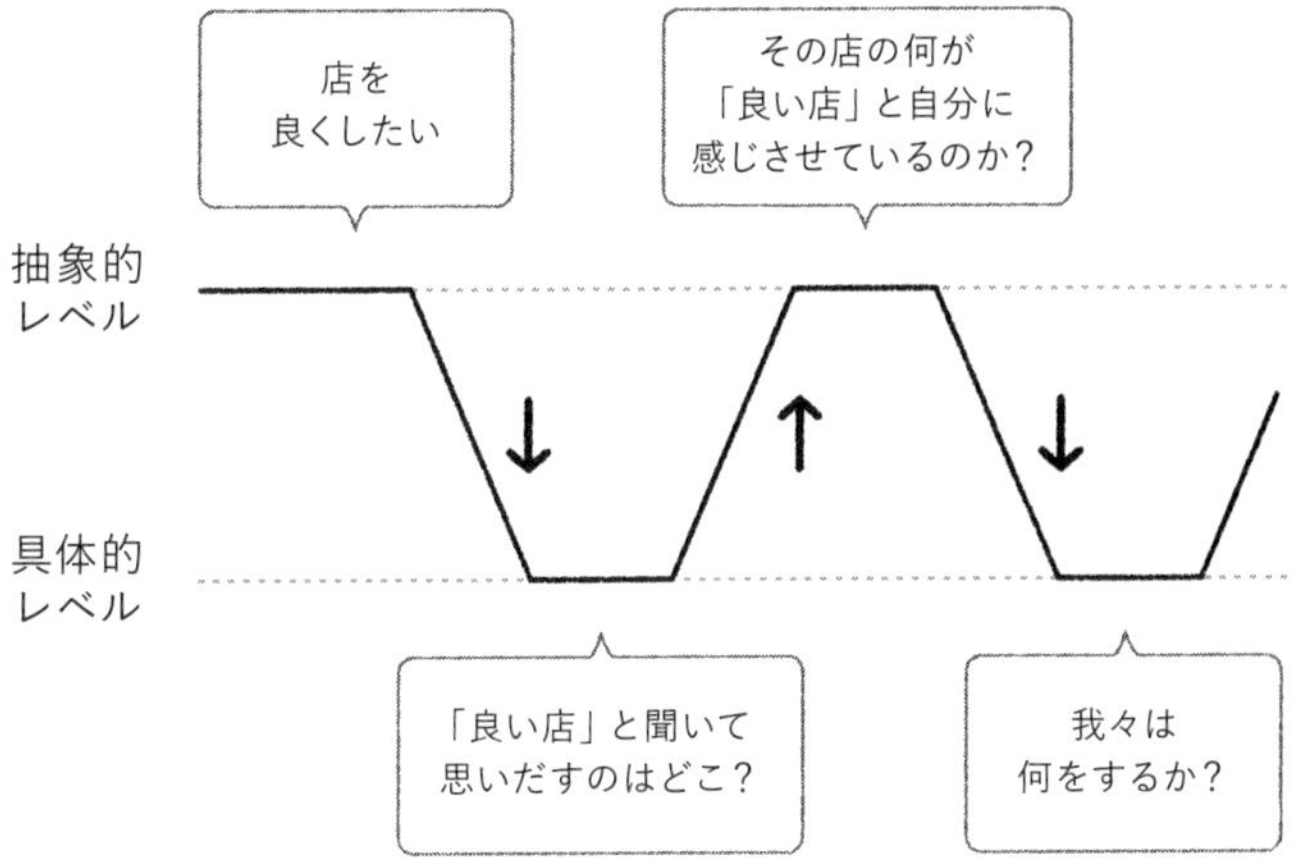

に慣れていて、素晴らしい概念を生みだしてくれます。しかし、文字通り概念論で、現場で役に立たないこともあります。一方、具体的思考は即現場で役立つ地に足の着いたものですが、天地をひっくり返すようなブレークスルーを生むアイデアは出てきません。

この抽象論が得意な人と具体論が得意な人が一緒に議論すると、なかなか話がかみ合わないことが多いものですが、これをうまくファシリテートすると実行につながる素晴らしいアイデアが生まれたりします。ファシリテーター冥利に尽きるチャレンジングなワークショップです。

誰でも考えられる具体論からスタートする。そこから抽象論に展開して思考を飛躍させる。その抽象論から、自分たちの場合にどうするのかという具体案を絞りだす。また抽象化して考えてみる。この**具体思考と抽象思考をくり返すことを意識してワークショップをデザインしてみてください。ファシリテーターとして何を問えばいいか、どの順に問えばいいか、そこではどんなフレームワークが役立ちそうか、そういうことを考える上で大変役に立ちます。**

デザインのときだけでなく、想定外の展開になってワークショップが行き詰まったときにも**この指針に従って考えてみると、何を問えばいいか気づくことが多い**ものです。

技術⑤　良いアイデアが出ないときの原因と対処法

みんなで話しあっても良いアイデアは出なかった、という経験をした人は少なくないと思います。ブレーンストーミングでは新しいアイデアは出ない、と断定する人もときどき見かけます。

この物語の中にも出てきましたが、当該分野についてあまり考えたことのない人がただ集まって話しあっても、目新しいものが生まれることはありません。

現場にいる人たちの中にも少なからずそういう人たちがいて、彼ら・彼女らに、ただ集まってもらって話しあうだけでは何も生まれません。どんなことでもそうですが、成果を上げるた

図表8 良いアイデアを出す5つのプロセス

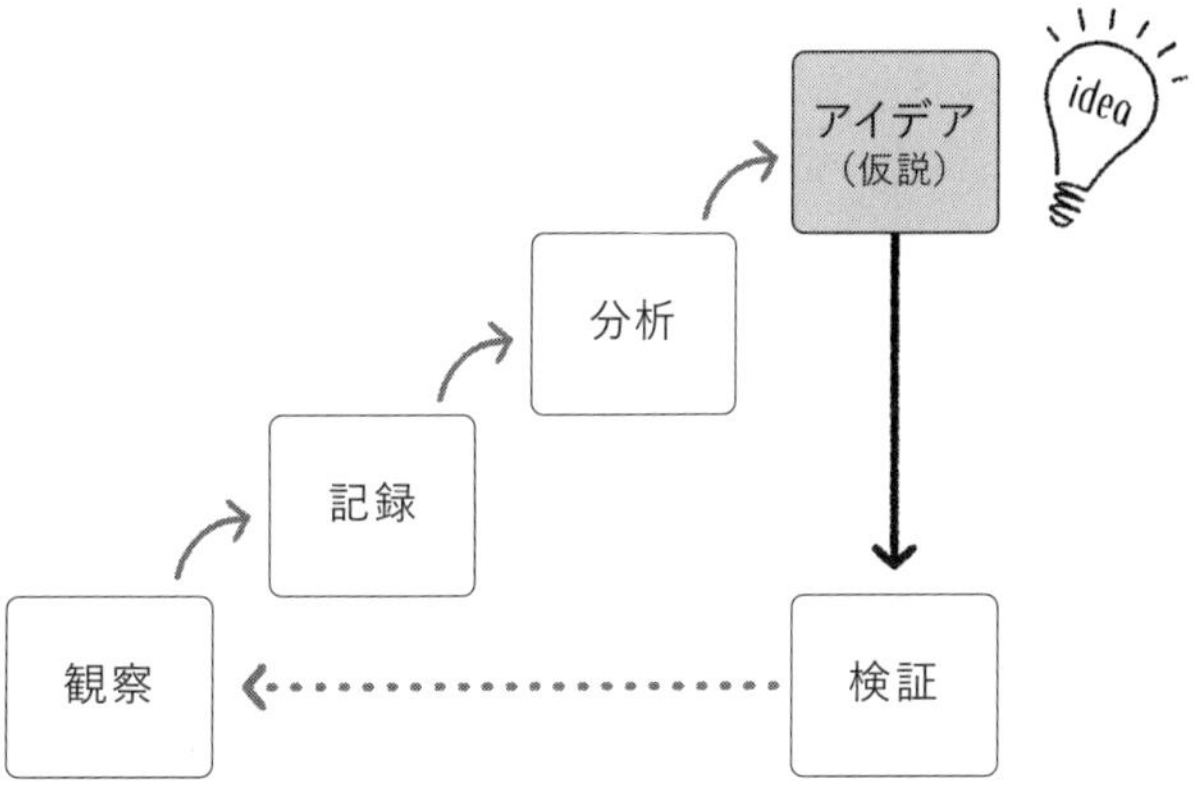

めにはそれなりに準備が必要なのです。

もしワークショップをしたが、ろくな考えが出てこなかったとしたら、参加者を罵る前に、**考え・話しあうために必要な情報や条件が揃っていなかったのではないかと、まず反省すべきです。**

それでも、成果が出ないワークショップになってしまったときには、どうすればいいでしょうか？ 私も何度かそういう場面に出会ったことがありますが、その私の結論は、面倒でも、**観察→記録→分析→アイデア（仮説）→検証というプロセスを踏む**、ということです。そうすることで参加者が考える材料を手に入れ、考えはじめます。

一番いいのは、ワークショップの前に、参加者に考えてきてもらうこと、観察したり記録をとったりしてくることを連絡して準備してきてもらうことですが、結果として成果の出ないワークショップになってしまったときには、ワークショップを終える前に、次回までに観察・記録してきてもらう宿題を出す。そして二度目のワークショップで、その観察・記録されたものを持ち寄って議論する。数値データが用意できる場合には、切り口を提供して分析してもらう。

こういう作業を丁寧に二、三度行ってみると、チームで考える素地ができて、ワークショップが機能しはじめます。何事にもある程度の失敗はつきものです。ワークショップが「作業場」であり、発表する場でもアイデアを競う場でもないということを忘れないようにしたいものです。

どこに行って、何を観察・記録させるのか、何を調べ、どう分析させるのか、ファシリテーターの腕が問われるところです。こう言うと、ファシリテーターがそこまでしないといけないのか？　と驚かれるかもしれませんが、私はそれはファシリテーターの守備範囲内だと思います。もちろん専門性があって、いつも自分でできるというわけにはいかないでしょう。そういうときには、できる人を探してきて入ってもらえばいいのです。

必要な情報を持ち寄り、切り口を共有してワークショップをくり返す。そうやって、これまで何も考えてこなかったチームが、自分たちで考えることができるようになるのにどの程度の時間が必要でしょうか。優秀な人たちなら一回のワークショップだけで変わることもありますが、私の経験では、ほとんどのチームが二、三回のワークショップを経験するとできるようになります。時間にして1～2か月。長くて半年ぐらいです。この時間を長すぎると考えるか、考えるチーム、学習する組織を育てるために必要な投資と考えるのかは重要な経営判断だと思います。

技術⑥　収束の技術

収束する前にできるだけ発散するというのは、アイデアを生むための基本ですが、ワークショップでもこのルールは大切です。しかし、私の経験では発散はそれほど難しくなく、むしろ収束で困っているファシリテーターが多いように思います。グランドルールの中に「否定しない」といったことが書かれていて、それにとらわれて絞りこめないということもあるようです。

否定的な発言をせずに、優先順位をつけて絞りこむのに役に立つのが、この物語にくり返し出てきたペイオフ・マトリックスです。私が好きな簡単で強力なツールです。縦軸に効果の大きさ、横軸にコストや実現可能性の大小をとる。要するに広い意味での費用

図表9　チームの状態に合わせて優先度を変える

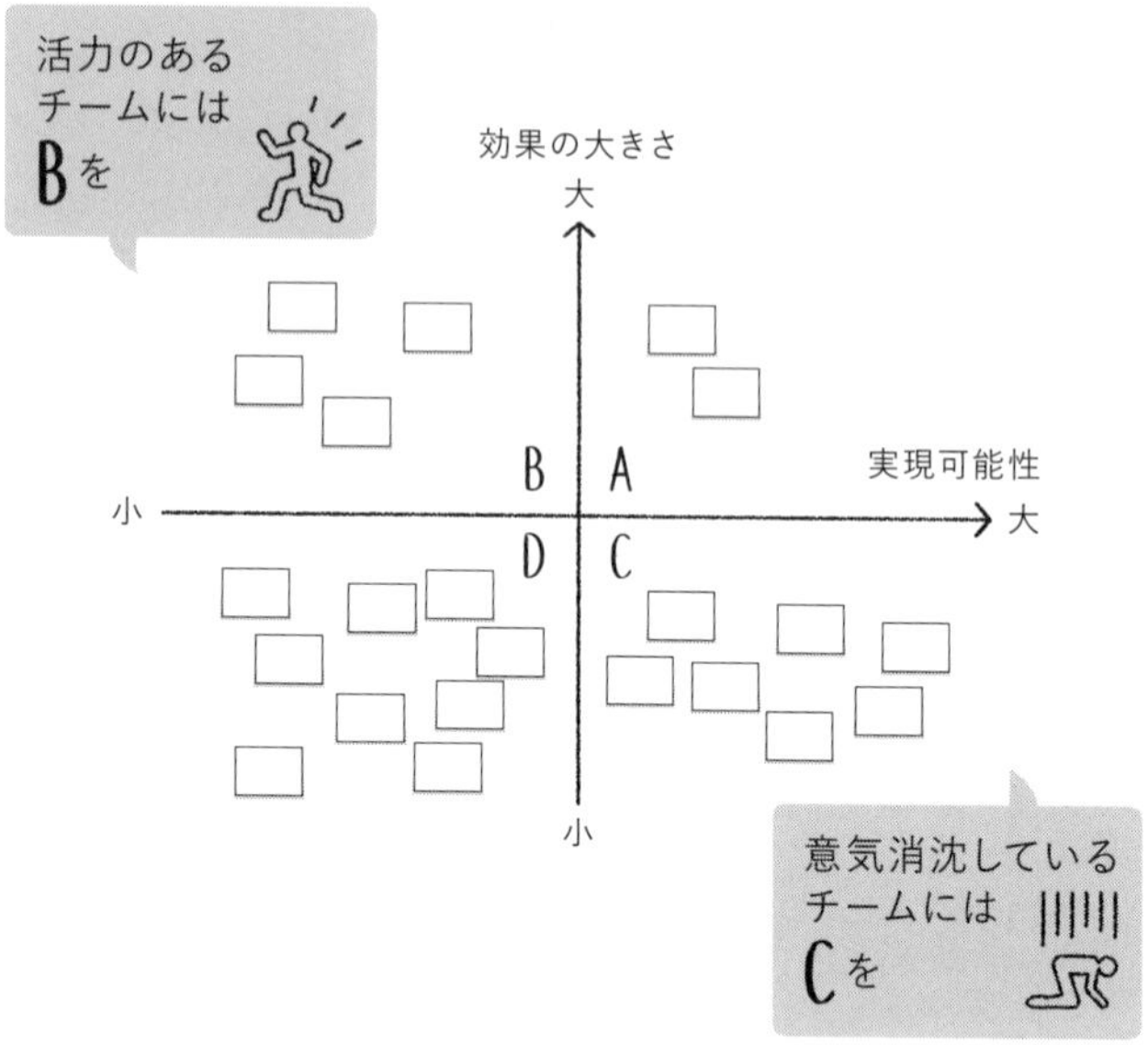

対効果で分類した四つのゾーンに、アイデアを自分たちの手で分けてもらうのです。立ち上がって手を動かしながら、このペイオフ・マトリックスの貼られた壁に向かって話しあうのは意外と効率的な作業です。このような作業には、**脳を活発に動かす作用**があることも、いろいろな研究からわかってきています。

さて、そうやってできたペイオフ・マトリックスをどう扱えばいいでしょうか。まず図のDゾーンの案はあっさり捨てましょう。

Aゾーンに案があれば、それに取り組めばいいのですが、実際にはそこには案が残っていない場合が多いものです。その場合BとCから選ぶことになります。**私は、チームにやる気があるときにはBを優先します。難しいが、効果は大きいというアイデアです。しかし、弱気になっていて、少しでも早く元気になる結果がほしい場面ではCゾーンに着目するように勧めます。**

ペイオフ・マトリックスを使う代わりに、投票してもらうという手もあります。案件数が少なければ、投票の方がすぐに結論を出せるので便利です。

技術⑦ 「場外」のアイデアを拾う

ワークショップの効果として見逃せないのは、ある問いに対して1時間なり2時間なりみんなで真剣に話しあうと、終わってからも無意識の中でこの問いがくり返され、脳が答えを探しつづける残存効果があることです。

話は飛びますが、19世紀の数理物理学者にアンリ・ポアンカレという人がいました。一般にはあまり知られていませんが、アインシュタインより数年早く、相対性原理という言葉を使い、光の速度がどの座標系から見ても不変であることを原理とする新しい力学（アインシュタインの相対性理論と同じ発想です）について記述した人です。そのポアンカレの著書『科学と方法』の中に次のような一文があります。

「それから私はいくつかの数論の問題の研究にとりかかったが糸口が見いだせず……うまくいかないことに気落ちして、海辺で数日を過ごしながら別のことを考えていた。ある朝崖の上を歩いていた時、前と同様の簡潔さ、突然さ、即座の確信を伴ってその考えが浮かんだ」（1908）

ポアンカレは、このほかにも創造活動における自分の脳の動きについていろいろ記述を残していますが、要するに意識して考えているときに答えを見つけられなくても、そのあと何日も経って、突然答えがやって来ることがあるという指摘です。みなさんにも同様の経験があるのではないでしょうか。

「良い店になるには？」といった問いは、その場の問いというより、店員みんなに常に持っていてほしい問題意識です。一時的に答えを求めるだけではなく、常に意識してほしい問い。そういうものをワークショップのテーマにすることで、頭の中にアンテナが立って無意識に考えつづけてくれるようになります。

そのアンテナに「場外」で引っかかったアイデアを逃さずに拾い上げて活かすことも、ワークショップのプロセスデザインの中には入れておきたいものです。

少し開き直ったように聞こえるかもしれませんが、そもそも難問を解決するためにブレーンストーミングを2、3時間やって、すぐにいい答えが出てくると期待する方がおかしいのです。むしろ日頃の生活の中で問題を考えつづけるために、関係者の潜在意識の中に問題意識を植えこむプロセスだと私は思っています。

「場外」で浮かんだいいアイデアを拾い上げるためにワークショップをくり返す必要はありません。宿題を出しておいたり、窓口を用意しておけばいい。それを忘れないようにする。それだけのことです。

おわりに　機械が独習を始めた時代に

「学習する組織（Learning Organization）」という考え方が、長期的な競争優位の源泉として提唱されたのは１９９０年のことでした。この考え方は、私がいたＧＥはもとより、世界中の優れた企業に取り入れられ、欧米の組織のあり方はこの30年で大きく変化したと思います。

そして２０１０年代になり、人工知能（ＡＩ）の分野で深層学習（Deep Learning）と呼ばれる機械学習技術が進歩しはじめ、コンピュータが自ら学習し進化するようになりました。「学習する機械」の登場です。この「機械」は、いずれ人がやっている単純作業のすべてに取って代わる可能性を秘めており、多くの人が予想するように世界のあり方を大きく変えるに違いありません。

惰性で動いている、従来のやり方にこだわっている「学習しない組織」にとって、これは大きな脅威です。しかし「学習する組織」にとっては、これは朗報ではないかと思います。進化する機械が提供する情報やサービスをいち早く活用して、さらに飛躍できるのが「学習する組織」だからです。その片鱗を私たちはいま、グーグルやアマゾン、テスラなどの企業に見ているのかもしれません。

一方、残念ながら、日本では「学習する組織」への関心はいまだにそれほど高くありません。この30年、日本企業は世界的な競争力を失ってきたと思いますが、その大きな原因の一つがここにあると私は考えています。

では、どうすれば「学習しない組織」が「学習する組織」に生まれ変わることができるのか？　その問いへの私の回答が本書です。

学ぶということは、論語の「朝《あした》に道を聞かば、夕べに死すとも可《か》なり」という一節を持ちだすまでもなく、人間の本質的な喜びにつながるものです。「学習する組織」は、単に競争力のある組織ではなく、人の本質的な喜びとつながっていると思います。本物のワークライフバランスは、そういう組織のあり方から生まれるのではないでしょうか。

本書を通じて、一つでも多くの組織が、自ら考え、学習する組織へと舵を切り、さらにその学習速度を高めることを通じて、新しい競争の時代を勝ち抜き、豊かで楽しい社会を築く礎となっていかれることを祈ってやみません。

２０１８年１月　東京にて

森　時彦

参考文献

●森時彦著『ザ・ファシリテーター』ダイヤモンド社（2004年）
●森時彦著『ザ・ファシリテーター2』ダイヤモンド社（2007年）
●フレッド・クロフォード、ライアン・マシューズ著、星野佳路監修、長澤あかね、仲田由美子訳『競争優位を実現するファイブ・ウェイ・ポジショニング戦略』イースト・プレス（2013年）
●ショーン・エイカー著、高橋由紀子訳『幸福優位7つの法則』徳間書店（2011年）
●バーバラ・フレドリクソン著、植木理恵監修、高橋由紀子訳『ポジティブな人だけがうまくいく3：1の法則』日本実業出版社（2010年）
●ジェームズ・C・コリンズ著、山岡洋一訳『ビジョナリーカンパニー2　飛躍の法則』日経BP社（2001年）
●矢野和男著『データの見えざる手――ウエアラブルセンサが明かす人間・組織・社会の法則』草思社（2014年）
●エリック・ブリニョルフソン、アンドリュー・マカフィー著、村井章子訳『機械との競争』日経BP社（2013年）
●多湖輝著『頭の体操』シリーズ　光文社（1966年〜）
●ポアンカレ著、吉田洋一訳『改訳 科学と方法』岩波文庫（1953年）
●ピーター・M・センゲ著、守部信之訳『最強組織の法則――新時代のチームワークとは何か』徳間書店（1995年）

[著者]
森　時彦（もり・ときひこ）
株式会社チェンジ・マネジメント・コンサルティング代表取締役。
ビジネス・ブレークスルー大学客員教授、日本工業大学大学院客員教授、NPO法人日本ファシリテーション協会フェロー。
大阪生まれ。大阪大学、マサチューセッツ工科大学（MIT）卒。工学博士、MBA。神戸製鋼所を経てGEに入社し、日本GE役員などの要職を務める。その後、半導体検査装置大手のテラダイン日本法人代表取締役、投資アドバイザー会社のリバーサイド・パートナーズ代表パートナーなどを歴任。現在はチェンジ・マネジメント・コンサルティング代表取締役として組織活性化やリーダー育成を支援するかたわら、執筆や講演・ワークショップを通じてファシリテーションの普及活動を行っている。
著書に『ザ・ファシリテーター』『ザ・ファシリテーター２』『ファシリテーターの道具箱』『ファシリテーター養成講座』（以上、ダイヤモンド社）、『"結果"の出ない組織はこう変えろ！』（朝日新聞出版）、『プロフェッショナル・リーダーシップ』（東洋経済新報社）など、訳書に『プロフェッショナル・ファシリテーター』（ダイヤモンド社）がある。
〈e-mail〉SNB13753@nifty.com

ストーリーでわかる
ファシリテーター入門
——輝く現場をつくろう！

2018年２月15日　第１刷発行

著　者——森　時彦
発行所——ダイヤモンド社
〒150-8409　東京都渋谷区神宮前6-12-17
http://www.diamond.co.jp/
電話／03･5778･7234（編集）　03･5778･7240（販売）
装丁————萩原弦一郎(256)
イラスト——安谷隆志(YDroom)
本文デザイン・DTP—岸 和泉
校正————鷗来堂
製作進行——ダイヤモンド・グラフィック社
印刷————勇進印刷(本文)・共栄メディア(カバー)
製本————ブックアート
編集担当——小川敦行

ISBN 978-4-478-10503-0